なぜ、我々はマネジメントの道を歩むのか

新版

人間の出会いが生み出す「最高のアート」

田坂広志
Tasaka Hiroshi

PHP新書

新版 序文

本書は、二〇〇七年にPHP研究所から出版された単行本『なぜ、我々はマネジメントの道を歩むのか』を、加筆・修正のうえ、新たにPHP新書として出版したものです。

まず最初に、いま、この本を手に取って下さったあなたに、深く感謝を申し上げます。

その感謝を申し上げたうえで、伺いたい。

なぜ、あなたは、この本を手に取られたのでしょうか。

もしかして、あなたは、これからマネジメントの道を歩もうと考え、その仕事に大きな期待と夢を抱かれて、本書を手に取られたのでしょうか。

もしかして、あなたは、いま、マネジメントの道を歩みながら、その荷物の重さを痛感し、本書を手に取られたのでしょうか。

そのいずれであっても、最初に、私があなたに申し上げたいことは、ただ一つです。


あなたは、いま、素晴らしい扉の前に立たれている。


心を込め、そのことを申し上げたい。

そして、その「素晴らしい扉」が何であるか、どうすれば、その扉を開けることができるのかについては、本書において、私が歩んだ数十年のマネジメントの道での体験を紹介しながら、また、その道で巡り会った様々な経営者やマネジャーの方々のエピソードを紹介しながら、お話ししたいと思います。

ただ、これらのエピソードのいくつかは、いまの時代から見るならば、「厳しすぎるマネジメントではないか」と思われるかもしれません。

例えば、雨の中、部下にタクシーを拾いに行かせた上司。

例えば、部下の将来を嘱望し、徹底的に鍛えた上司。

しかし、これらのエピソードを通じて、私が申し上げたかったことは、マネジメントにおいて最も大切なものは何か、ということです。

それは、深い縁あって巡り会った部下や社員に対する、愛情。

この二人の上司は、厳しく部下を指導する姿の一方で、いずれも、部下に対する深い愛情がありました。そして、それゆえにこそ、その部下は、いずれも、「この上司のお陰で、自分の今日がある」と思い、歳月を経ても、この上司を慕っていました。

私が若き日に見た、それらの上司と部下の姿は、私に、マネジメントにおいて最も大切なものを教えてくれました。

そして、それは、後に、未熟な私がマネジメントの道を歩むとき、心の拠り所にした「杖」でもありました。

深い縁あって巡り会った部下や社員に対する、愛情。

もし、我々の心の中に、その愛情があるならば、必ず、我々は、素晴らしいマネジメントの道を歩むことができるでしょう。

それは、私が、拙い足取りながらも、数十年の歳月、マネジメントと経営の道を歩んで摑んだ「真実」に他なりません。

そして、その歩みを振り返りながら書かせて頂いた本書は、その私の「体験的マネジメント論」であり、私にとって、文字通り「切れば血が出るような真実」に他なりません。

その本書が、あなたにとって、マネジメントの道を歩むための、ささやかな「杖」になるならば、私にとって、それに勝る喜びはありません。

しかし、本書は、最近の私の著書、『運気を磨く』や『運気を引き寄せるリーダー　七つの心得』、『人間を磨く』や『直観を磨く』などを読まれた読者の方々から見ると、少し変わった文体に感じられるかと思います。

「すべての文章を一行に収める」という、独特の語りのスタイルは、いまから一四年前の私が試みた文章のスタイルであり、当時、「散文詩」のスタイルで本を書きたいと考えていた私にとっての、実験的な試みでした。

もとより、三〇年余りの私の著者としての歩みを振り返るならば、歳を重ねるごとに、文章のスタイルが変わり、文体が変わってきたことを、改めて感じますが、そして、それは、おそらく、一人の著者としての思想の成熟を映し出したものに他ならないと思いますが、本書を読まれる読者の方々には、まだ五〇代の著者らしい若さを感じながら、一四年前の文章のリズムや余韻を味わって頂ければ幸いです。

最後にもう一度、この本を手に取って下さったあなたへ、心からの感謝を申し上げ、この新版の序文とさせて頂きます。

二〇二一年一二月一九日

田坂広志

なぜ、我々はマネジメントの道を歩むのか［新版］　目次

新版 序文 3

なぜ、あなたは、自ら「重荷」を背負うのか

マネジメントの道を歩む方々へ 18
世に溢れる安易なマネジャー志向 22
マネジャーの心の奥の世界 26

経営者やマネジャーが背負う「重荷」とは何か

部下や社員の「人生」を預かる覚悟 28

部下や社員の「成長」を支える責任　32

素晴らしいマネジャーの「後姿」から学んだもの

経営者やマネジャーだけが得る「喜び」　36

優れたマネジャーが共通に持つ「姿勢」　40

なぜ、私は、マネジメントの道を歩んだのか

「重荷」を背負うマネジャーが得るもの　44

マネジメントの「究極の世界」　48

深く知るべき部下の「機」　52
最も高度な「心のマネジメント」　55

「人間としての成長」とは何か

「成長」という言葉のただ一つの定義　58
「無言の声」が聞こえるようになるとき　63
マネジメントとしての「雑談」　68
最も難しい「心の世界」　73
「謙虚」になれない真の理由　78

一〇年の修行を続ける覚悟　83
自分の心が見えてくる時代　87

マネジャーが身につけるべき「人間観」とは何か

「人間学」を書物で学ぶことの過ち　94
「人間学」を学ぶ唯一の方法　100
「その人にとっての真実」に耳を傾ける　106
マネジャーに求められる「心のエネルギー」　112
若手社員の時代だからこそ見える世界　114

「反面教師」という言葉の落し穴 121
「人間観」が崩れていくマネジャー 126

職場における「出会い」とは何か

マネジャーが身につけるべき思想 130
「有り難い出会い」の逆説 136
古くから伝わる「二つの言葉」 139
廊下ですれ違うだけで分かる境涯 144

仕事における「苦労や困難」とは何か

苦労や困難の持つ「深い意味」 148
仲間の心が結びつくとき 153
「困難」において最初に語るべき言葉 160
「究極の楽天性」とは何か 162
マネジャーが身につけるべき「死生観」 168

いかにして「部下の成長」を支えるか

「成長」を支えるための絶対条件 174
部下の「成長の限界」を定めるもの 180
「リーダー」という言葉の真の意味 186
日本における「同行」の思想 189

いかなる「言葉」を部下に語るべきか

「自分にとっての真実」を語る 192

経営とは「命懸け」のもの 200
人生を賭して何を証すか 204

マネジャーが巡り会う「奇跡」とは何か

「人間としての成長」を求めて 210
「人間との邂逅」を求めて 213
人間の出会いが生み出す「最高のアート」 217

謝　辞 226

さらに学びを深めたい読者のために 228

なぜ、あなたは、自ら「重荷」を背負うのか

マネジメントの道を歩む方々へ

なぜ、あなたは、自ら「重荷」を背負うのか。

最初に、読者に、この質問を投げかけたい。

なぜ、我々は、マネジャーという「重荷」を、自ら背負うのか。

私自身、そのことを考えながら、歩んできました。
そして、気がつけば、四〇年近く、マネジメントの道を歩んできました。

工学部の大学院を出た後、私は、大手製造業に入社しました。
その企業では、入社当初、中央研究所で研究者の道を歩みたいと思っていました。
しかし、振り返れば、別の道を歩んでいました。
当初の思いとは異なり、その企業では、企画と営業のマネジャーの道を歩んだのです。

しかし、その後、ふたたび研究者への転身をめざし、設立に参画したシンクタンク。
そこでも、振り返れば、部長とセンター所長を務めていました。
いや、さらには、取締役も務め、経営陣の立場を務めるという道を歩んでいたのです。

そして、そのシンクタンクを辞した後も、やはり、マネジメントの道を歩んでいます。
自らシンクタンクを設立し、その代表を務めている。
それだけでなく、様々な企業の社外取締役や経営参謀を務めてきました。

また、縁あって、一九九六年より、執筆の活動も行っています。
振り返れば、二五年間に、九〇冊余りの著書を上梓しました。

そして、新聞や雑誌でも様々なメッセージを発信し、数多くの講演を行ってきました。
そのテーマの多くは、やはり、経営とマネジメントに関するものです。

このように、振り返れば、私は、永く経営とマネジメントの道を歩んできました。
しかし、正直な心境を吐露するならば、それは本意ではなかった。
この道を歩み始める前、私は、マネジメントの立場に立ちたくなかったのです。

しかし、それは、マネジメントやリーダーシップが苦手だからではありませんでした。
学生時代には、全国的な学生組織でリーダーを務めたこともあります。
リーダーシップには、ささやかながらの心得はありました。

しかし、マネジメントの立場には、立ちたくなかった。

それは、なぜか。

マネジャーとは「重荷」を背負う仕事だと感じたからです。

しかし、それは、マネジャーの立場が、「数字」を背負わされるからではない。
売上目標や収益目標などの「数字」を背負わされるからという意味ではありません。
「重荷」とは、そのことではない。
では、マネジャーの「重荷」とは、何か。

部下や社員の人生。

その「重荷」です。

経営者やマネジャーとは、部下や社員の人生を、預かる立場である。

実社会に出て、すぐに、そのことに気がつきました。
そして、そのことに気がついたとき、思ったのです。

世の職業の中で、これほど重い仕事はない。
これほどの「重荷」を背負う仕事はない。
そう思ったのです。

そして、だから、マネジメントの立場には立ちたくないと思ったのです。

世に溢れる安易なマネジャー志向

しかし、それにもかかわらず、世の中には、少なくない。
マネジメントを志向される方が、少なくありません。

もとより、それらの方々の中には、企業の将来に、高き志を抱いている方もいる。
また、部下の方々に対する深い思いを抱き、マネジメントの重荷を背負う方もいる。
素晴らしいマネジャーの方々です。
しかし、一方で、その逆の方々も、しばしば目にする。

「安易なマネジャー志向」とでも呼ぶべき方々です。


この方々は、マネジャーの地位に就くことを、自身の「キャリア・アップ」と考える。

さらには、マネジャーの立場を、自身の「立身・出世」という視点で見る。

そのため、それらの方々は、マネジャーの立場に就くことの意味を誤解する。

マネジャーになることは「権限」や「権力」を手にすることであると誤解する。


例えば、私自身、まだ実社会に出たばかりの若手社員のころ、しばしば耳にしました。

職場の片隅で、マネジャー同士が交わす、こうした会話を聞きました。


「お前のところ、兵隊、何人だ」

「俺のところは少ないよ。三〇人だ」


この会話は、何を語っているのか。

それは、マネジャーというものを、あたかも軍隊のリーダーのように捉えている。

「兵隊の数」というものを、自身に与えられた「権限」や「権力」の指標と思っている。

そうした発想の会話です。

また、マネジャー同士の会話で、こうした会話も、しばしば耳にしました。

「若手の田中、最近、調子はどうだ」
「あいつ、最近、残業続きで、かなりストレスが溜まっているようだ」
「そうか、それなら、飲みに連れて行って、ガス抜きをしてやったらどうだ」

この会話も、象徴的な会話です。
しばしば多くのマネジャーが無意識に陥ってしまう過ちを象徴している。

「操作主義」

その過ちです。
マネジメントとは、部下という兵隊を意のままに動かすものと誤解している。
そして、部下の行動や意識を、意図的に「操作」しようとする。

しかし、こう述べると、多くの心あるマネジャーの方々は、反論されるでしょう。
「自分の職場には、そうしたマネジャーはいない」
そう反論されるかもしれません。
たしかに、いま挙げた二つの例は、古いエピソードです。
何十年か前の、製造業の現場で語られていた言葉です。
それゆえ、いま聞くと、眉をひそめたくなる会話でしょう。

しかし、現代の企業の現場においても、実は、変わっていない。
たしかに、こうした「眉をひそめたくなる」ような会話は、少なくなっている。
しかし、マネジャーの心の奥に潜む、無意識の「権力志向」や「操作主義」。
それは、いまも、形を変えて職場に存在しています。
例えば、自分に与えられた権限が侵されることに過敏に反応するマネジャーの姿。
また、部下に対して奇妙に優しいマネジャーの姿。

そうした姿として、実は、いまも存在し続けています。

マネジャーの心の奥の世界

では、私は、なぜ、若き日に目にした、こうしたマネジャーの姿を語るのか。

その理由は、決して、それが「不愉快な経験」だったからではありません。
むしろ、私は、その姿を通じて、マネジャーの心の奥の世界を見つめることができた。
その姿を鏡として、自分自身の中にも存在するものに気がつくことができた。

密やかな「権力志向」や「操作主義」。

その存在に、気がつくことができたのです。

そういう意味では、いま振り返ると、それは決して「不愉快な経験」ではなかった。
実は「有り難い経験」であったのだと思います。

私自身、それからのマネジメントの歩みの中で、気がつくことができた。
「権力志向」や「操作主義」に流されることの落し穴。
その落し穴に気がつきながら、道を歩むことができた。
それは、若き日の、こうした学びがあったからと思います。

経営者やマネジャーが背負う「重荷」とは何か

部下や社員の「人生」を預かる覚悟

では、経営者やマネジャーが背負う「重荷」とは、何か。

先ほど、その意味を述べました。

部下や社員の人生。

その「重荷」であると述べました。

経営者やマネジャーとは、部下や社員の人生を、預かる立場である。

そう述べました。

では、「部下や社員の人生を預かる」とは、何か。

二つの意味があります。

一つは、部下や社員の「生活」に責任を持つという意味。

部下や社員には「生活」がある。
その部下や社員に家族がいるならば、その家族の「生活」がある。
そして、我々は「霞を喰って」生きているわけではない。
部下や社員が、自身と家族の生活を支えられるようにすること。
それは、経営者やマネジャーが自覚すべき、大切な責任です。
しかし、その責任を自覚した瞬間に、その限界にも気がつきます。
我々は、一生涯、上司と部下、経営者と社員として歩むわけではない。

その当たり前の事実に気がつきます。

そして、その事実に気がつくとき、もう一つの事実にも気がつきます。


我々は、一生涯、部下や社員の「生活」を支えてあげることはできない。


どれほど愛情を感じる部下や社員でも、かならず巣立つときが、来る。

どれほど深い縁を感じる部下や社員でも、かならず別れるときが、来る。


そして、そこから先の部下や社員の「生活」。

経営者やマネジャーは、それには、直接、責任を持つことはできないのです。

そこから先は、その部下や社員が、自らの力で「生活」を支えていかなければならない。


そのことを理解するとき、我々は、気がつきます。

「部下や社員の人生を預かる」

その言葉の、もう一つの深い意味に気がつきます。

部下や社員の「生活」に責任を持つだけではない。
部下や社員の「成長」に責任を持つ。

それが、経営者やマネジャーの責任であることに気がつくのです。

すなわち、「人生を預かる」とは、「成長に責任を持つ」こと。

だから、我々は、自分の下にいる時代に、部下や社員の「成長」を支える。
最善を尽くして、その「職業人としての成長」を支える。
精一杯に、その「人間としての成長」を支える。
その責任を持っているのです。

しかし、その責任を自覚することは、まさに「重荷」を背負うこと。
なぜなら、部下や社員の「成長」を支えることは、容易ではないからです。
それは、言葉で語ることは容易ですが、行ずることは、極めて難しい。
それに比べれば、「数字」を達成することの方が、まだ容易に思えてくる。

部下や社員の「成長」を支える責任

では、なぜ、「成長」を支えることが、難しいのか。

「正解」が無いからです。

経営者やマネジャーが、ある場面に遭遇する。
その場面で、どう処すれば、部下や社員の成長を支えられるのか。
そのことに、誰もが納得する正しい答えは無いからです。

例えば、部下が、ある失敗をする。
その場面で、その部下の「成長」を支えるために、どうすべきか。
この場面では、その部下に、敢えて「厳しい言葉」を投げかけるべきか。
いや、むしろ、「優しい言葉」で、慰めるべきか。

その問いに、一般的な「正解」など無い。
その場面での「正しい答え」を見出すためには、深く考えなければならない。
その部下の性格、置かれた状況、その心境、部下の力量など。
そうした様々なことを考えて、判断をしなければならない。
そのとき、その部下への処し方を誤れば、逆の結果となる。
部下の「成長」を支えるどころか、逆に、部下の「成長」を損ねるときもある。

だから、それは「重荷」なのです。
部下や社員の「成長」を支えるということは、大変な「重荷」なのです。

いや、マネジメントには、もっと「重荷」と感じる瞬間がある。

例えば、人事異動。
ある部下について、他の部署への異動の打診がある。
その異動を受け入れるべきか、否か。
その異動が、その部下の今後の進路と人生にとって、どのような影響をもたらすか。

もし、そのことを深く考え始めたならば、そこにもまた、「正解」など無い。
もし、そのことを本当に深く考え始めたならば、夜も眠れぬ話。

自分の下で、大切に育ててあげたいとの思いもある。
「可愛い子には旅をさせよ」の言葉も、心に浮かぶ。
だから、その異動が、その部下にとって、良い機会となるのではとも考える。
それが、部下にとって、良い苦労をする機会となるのでは、との期待も浮かぶ。
また、異動先で、自分よりも良い上司に巡り会うのでは、との願いもある。

そうした思いと迷いの中で、いずれ、マネジャーには決断が求められる。

もとより、部下を、単なる「一人の兵隊」と思えれば、心は楽になる。
部下を、自身の「出世の手段」と割り切れれば、心は楽になる。
「マネジャーとは、単なる役割だ。
会社が期待するその役割さえ果たしていれば、良いのだろう」
そう割り切りたい気持ちも、心の中に生まれる。

しかし、そう割り切った瞬間に、失われる大切なものがある。
そのことも、分かっている。
そして、そう割り切ったときに、心に残る寂しさ。
それも、分かっている。

だから、マネジメントの道とは、大きな「重荷」を背負って歩む道。
部下や社員の人生を預かるという「重荷」を背負って歩む道。

だから伺いたい。

なぜ、あなたは、その「重荷」を背負って、道を歩むのか。

そのことを、伺いたいのです。

素晴らしいマネジャーの「後姿」から学んだもの

経営者やマネジャーだけが得る「喜び」

しかし、経営者やマネジャーが背負うのは、決して「重荷」だけではない。
経営者やマネジャーだけが得られる、大きな「喜び」というものが、ある。
私は、若き日に、そのことを、素晴らしいマネジャーの「後姿」から学びました。
先ほど、「反面教師」とでも呼ぶべきマネジャーの姿について語りました。
たしかに、どの企業の、どの職場にも、「反面教師」とすべきマネジャーがいる。

その一方で、どの企業の、どの職場にも、「師」と仰ぐべきマネジャーもいる。
ときに、「人生の師」と仰ぐべき素晴らしいマネジャーもいます。
私は、そうしたマネジャーの方々の「後姿」から、多くを学ばせていただいた。

例えば、いつも若手の部下を厳しく鍛えているマネジャーがいた。
その指導の厳しさは、隣の職場にも伝わってくるほどでした。
部下には、仕事の正確さと速さを、厳しく要求する。
特に、若手の部下の田中君には、厳しかった。
傍目からは、他の部下以上に、ことさらに厳しく処しているように見えた。
そのマネジャーが、あるとき、他のマネジャーに語っているのを耳にしました。

「田中は、いずれ、この部を背負って立つ奴だ。だから、厳しく鍛えている。
しかし、あいつも根性があるな。少しも音を上げようとしない。
楽しみな奴だよ。
今年の年賀状には、『もっと、こき使ってください』と書いてあったよ」

そう語っていた、そのマネジャーの嬉しそうな顔が、いまも心に残っています。

また、昔の上司のことを、いつも懐かしそうに語るマネジャーもいた。

「あの鈴木顧問は、昔、俺の上司だったんだよ。
いまは、好々爺のようにしているが、昔は、本当に厳しい上司だった。
接待のとき、突然、土砂降りの雨が降ってきた。
その雨の中、傘も持たずに、タクシーを拾いに行かされたこともある。
お客さんのためとはいえ、大変だったよ。
でも、お陰で、仕事に対する厳しさを教えてもらった。
俺の今日あるのは、あの鈴木さんのお陰だよ。
本当に、育ててもらったものな」

そのマネジャーは、好々爺となった鈴木顧問と、いつも楽しそうに話をしていました。
その姿が印象に残っています。

また、別なマネジャーは、しばしば若手社員を摑まえて、仕事の夢を語っていました。

「俺達が設計している、このプラントはな、世界でも初めてのプラントなんだ。
これを完成させるのが、俺達の夢だ。俺達のライフワークだ。
だから、君達も、大きな夢を描いて、素晴らしいライフワークを残せよ。
会社というのは、世の中のためにあるんだからな」

そのマネジャーの話を、目を輝かせて聞いていた、若手社員の姿。
それが、遠い記憶の中から、鮮明に浮かんできます。

本当に、素晴らしいマネジャーの方々とのご縁をいただいた。
そして、その「後姿」から、多くの学びを与えていただいた。
何よりも、マネジメントという役割の素晴らしさを、教えていただいた。

いま、私自身の若手社員の時代を振り返り、そう思います。

優れたマネジャーが共通に持つ「姿勢」

そして、その多くの学びの中でも、最も心に残ったことがある。
それは、これらのマネジャーの方々が共通に持っていた、素晴らしいもの。

それは、部下に対する「心の姿勢」でした。

それは、何か。

部下を、一人の人間として遇する。

その「心の姿勢」です。
これらの素晴らしいマネジャーの方々は、部下を、一人の人間として認めていた。
その心の最も深いところで、部下を、一人の人間として認め、接していた。

しかし、それは、決して「部下に厳しいことを言わない」という意味ではない。
それは、決して「部下を叱らない」という意味ではない。
「一人の人間として遇する」ということは、そのような意味ではありません。
では、いかなる意味か。

一人の人間としての成長の可能性を認め、その成長を支える。

その意味です。
しかし、まさにその意味において、最近の職場には、逆の姿のマネジャーが目につく。
部下への人当たりは良いけれども、部下を一人の人間として遇することをしない。
そうしたマネジャーの姿が目につきます。

例えば、派遣社員やアルバイトに対して、人当たりの良いマネジャー。
しかし、内心では、正社員との間に、明確な区別をつけている。
だから、その派遣社員やアルバイトの人々を、本気で育てようとはしない。
そうしたマネジャーがいます。

また、例えば、女子社員に対して、優しい姿勢で接してくれる。
しかし、内心では、男子社員と区別をつけている。
「女子社員だから、この程度の仕事が出来ればよい」と考えている。
だから、女子社員を男子社員と同じような熱意で育てようとしない。
そうしたマネジャーがいます。

こうしたマネジャーの方々は、おそらく、理解されていないのでしょう。
部下を「一人の人間として遇する」ということの意味を、理解されていないのでしょう。

マネジャーが預かる部下には、誰にも、大きな可能性がある。
一人の人間として、素晴らしい成長の可能性がある。

まず、無条件に、そのことを信じる。

それが、「一人の人間として遇する」ということの、本当の意味なのです。

では、その可能性を信じ、その成長を支えるために、どうすればよいのか。
マネジャーは、部下に対して、どのように接していくべきか。

そのことを考え始めるとき、我々は、歩み始めるのでしょう。

一人のマネジャーとして、高き山の頂きに向かって、歩み始めるのでしょう。

なぜ、私は、マネジメントの道を歩んだのか

「重荷」を背負うマネジャーが得るもの

では、なぜ、私は、マネジメントの道を歩もうと思ったのか。

若き日に、マネジメントの道を歩みたくないと思った一人の人間。
その人間が、なぜ、「重荷」を背負う、マネジメントの道を歩もうと思ったのか。

正直に答えましょう。

一人の人間として「成長」できると考えたから。

それが理由です。

たしかに、マネジャーの仕事は、部下の人生を預かるという仕事。
その意味で、大きな「重荷」を背負う仕事です。

しかし、その「重荷」ゆえに、マネジャーは成長できる。

その逆説に気がついたからです。

例えば、マネジャーが、仕事において大きなトラブルに直面する。
そのとき、自分の責任や評価に心が向かうと、心が萎えてくる。
しかし、自分が部下の人生を預かっていることを思うと、力が湧いてくる。
決して諦めず、粘り強くその問題の解決に取り組む力が生まれてくる。
そして、どれほど難しい問題でも、それに挑戦する勇気が湧いてくる。

また、例えば、仕事において、何かの重要な意思決定が求められる。

そのとき、その決断が、自分の立場にどう影響するかを考えると、視野が狭くなる。

しかし、その決断が、部下の人生に影響を与えると思えば、思考が深くなる。

自分が、部下の人生を背負って決断を下す立場であると思えば、誰よりも深く考える。

そして、深く考えることによって、直観力や洞察力も生まれてくる。


それは、子供を持った親に似ています。

人生の困難に直面したとき、多くの親が考える。

「この子供のためにも、ここで挫けることはできない」

そう考えるとき、自らの内から大きな力が湧いてくる。

そして、人間として大きく成長する。


同様に、部下の人生を預かるマネジャー。

そのマネジャーは、仕事の困難に直面したとき、考える。

「この部下のためにも、ここで挫けるわけにはいかない」

そう考えるとき、自らの内から大きな力が湧いてくる。

そして、人間として大きく成長できるのです。

かつて、私は、様々な企業の経営陣や経営参謀の立場にありました。
それゆえ、新たにマネジャーに昇格された方に、お祝いの言葉を述べるときがあった。
そのとき、当然のことながら、「おめでとうございます」との祝福の言葉を述べる。
しかし、その意味は、決して、その方が「出世」したことへのお祝いではありません。
心の中で述べるのは、次の祝福の言葉です。

「マネジャーへの昇格、おめでとうございます。
大変な荷物を背負うことになりましたね。
その荷物の重さに、これから悪戦苦闘されることになります。
しかし、だからこそ、これから、人間として大きく成長できる。
そのことを、心から祝福します」

その祝福の言葉です。

マネジメントとは、部下や社員の人生を預かる立場。
重荷を背負い、悪戦苦闘する立場。
しかし、その重荷を背負って悪戦苦闘するからこそ、成長できる。
気がつけば、職場の誰よりも、自分が一番成長させていただける。

そのことに気がついたとき、私は、マネジメントの道を歩んでみようと思ったのです。

マネジメントの「究極の世界」

しかし、マネジャーが成長できるということには、もう一つの理由があります。

「心のマネジメント」

マネジメントというものが、究極、「心のマネジメント」だからです。

それは、たった三人の部下を預かっただけで、すぐに気がつくことです。

例えば、部下に、ある小さな仕事を頼む。
ただそれだけのことでも、深く考えれば、かなり高度な「心のマネジメント」です。

三人のうち、誰に頼むか。
誰が、いま、手が空いているか。心の余裕があるか。
誰が、最も気持ちよく、その仕事をしてくれるか。
誰が、最も正確に仕事をしてくれるか。最も速く仕事をしてくれるか。
仕事を頼むとき、どのような言葉で、仕事を頼むか。
一人に頼んだとき、他の二人は、どのような心境になるか。
仕事が出来上がったとき、どのような言葉で、礼を言うか。
仕事の催促をするタイミングは、いつか。どのような言葉で、催促をするか。

こう述べると、「それは、実に簡単なことではないか」と思われるかもしれない。
しかし、そうではない。

実は、この「簡単なこと」をする姿から、そのマネジャーの力量が透けて見える。

力のあるマネジャーは、こうしたことを、瞬時に身体感覚で判断し、指示を出せる。
力不足のマネジャーは、こうしたことを余り考えずに、成り行きで、指示を出す。
そして、この二人のマネジャーを分けるのは、実は、二つの力量です。

一つは、「リズム感」。
一つは、「バランス感覚」。

力不足のマネジャーは、仕事を頼むときの「リズム感」が悪い。
そして、部下に対する言葉の使い方を見ると、「バランス感覚」が悪い。
力のあるマネジャーは、指示を出すときの「リズム感」が、心地良い。
そして、部下に対する言葉の使い方の「バランス感覚」は、見事なさじ加減。
そして、これは、マネジャーだけに求められる力量ではない。
実は、ある若手社員が、将来、伸びるか否かは、この二つの資質を見れば分かる。

伸びる若手社員は、やはり、最初から、「リズム感」と「バランス感覚」が良い。

では、この「リズム感」と「バランス感覚」、何が本質か。

「相手の心を感じ取る力」です。

「リズム感」の良さとは、実は、相手の心のリズムを感じ取ることができる力。
そして、それに合わせたリズムで応えることができる。
だから、心地良く感じる。

「バランス感覚」の良さとは、実は、相手の心の動きを細やかに感じ取る力。
例えば、一つの言葉を発したとき、相手がどう感じたか、その心の動きが分かる。
だから、言葉が過ぎたとき、足りないとき、すぐにバランスを取れる。
そして、言葉の使い方一つでも、細やかなさじ加減ができる。

このように、マネジメントの本質は、究極、「心のマネジメント」なのです。

そして、そのことに気がついたとき、深く理解しました。
マネジメントとは、「心の力」を磨くことのできる、素晴らしい仕事。
相手の心を細やかに感じ取る力、相手の心に細やかに働きかける力。
そうした「心の力」を磨くことのできる、素晴らしい仕事である。

そのことを、深く理解したのです。

深く知るべき部下の「機」

そして、マネジャーとして歩みながら、さらに、その奥の深さも知りました。

例えば、部下指導における、この「心のマネジメント」。
そのとき求められるのは、仏教で言う「対機説法」だからです。

「相手の機に応じて語る」

例えば、マネジャーが、ある問題で、部下を指導する。
そのとき、マネジャーには、部下の「機」を理解しているかが問われる。
そして、その「機」に応じて指導できるかが問われる。
例えば、部下の性格、置かれている状況、その心境、部下の力量。
まず、そうしたことを分かっているかが、問われる。
そして、それに合わせて最も適切な指導をしているかが、問われる。

例えば、野球というスポーツの世界に、象徴的な例がある。

かつて、一九七九年のプロ野球、日本シリーズ。
優勝が懸かった近鉄対広島の第七戦、九回裏、ノーアウト満塁、一点差の場面。
いわゆる「江夏の二一球」で知られる名場面です。

この正念場で、監督は、マウンドに立っている投手に対して、何と語りかけるか。

もしそれが、江夏のような強心臓の投手ならば、監督は、こう語りかければよい。

「江夏、今シーズン、すべてお前に賭けた。悔いはない。頼むぞ！」

しかし、もしこの投手が、「蚤の心臓」と呼ばれる投手ならば、違う。

こんな台詞を述べたら、それだけでその投手はつぶれてしまう。


だから、かつて、南海時代の野村克也監督のエピソードが残っている。

こうしたピンチの場面でマウンドの投手のところに行き、何と言ったか。

「おい、最近、ミナミにうまい店ができた。今度、喰いに行こうか」

そう語ったといわれる。


選手の性格、置かれている状況、その心境、選手の力量。

それをしっかりと摑んでいれば、迷うことは無い。

こういう対応ができるわけです。


一人ひとりの「個性」に合わせた指導。

それができるわけです。

そして、これが、まさに「対機説法」と呼ばれる世界。

「心のマネジメント」が向かう、深い世界なのです。

最も高度な「心のマネジメント」

しかし、スポーツの世界の話は、まだ分かりやすい。

マネジメントは、スポーツに比べれば、さらに複雑で高度な世界です。

部下の性格や個性は、すべて違っている。

部下の背負ってきた人生も、それぞれ違う。

ビジネスを巡る状況も、常に複雑極まりない。

部下の心境や力量も、分かるようで分からない。

それにもかかわらず、マネジャーには、求められる。

常に、部下の性格、状況、心境、力量を把握することが求められる。
そして、それぞれの場面で、最も相応しい言葉を語ることが求められる。
その意味で、マネジメントとは、最も高度な「心のマネジメント」なのです。

そして、私は、そのことに惹かれた。

もし、マネジメントの本質が、「心のマネジメント」でなかったならば、道は違った。
それが、「知識」を修得しただけで行えるものであったならば、歩まなかった。
それが、「技術」を身につけただけで行えるものであったならば、歩まなかった。
私は、この道を歩むことはなかったでしょう。

しかし、そうではなかった。

マネジメントとは、最も高度な「心のマネジメント」が求められる道。
マネジメントとは、極めて深い「心の修行」が求められる道。

それゆえ、マネジメントとは、一人の人間として、最も大きく「成長」できる道。

そのことに気がついたのです。

そして、そのことに気がついたとき、私は、マネジメントの道を歩み始めていました。

「人間としての成長」とは何か

「成長」という言葉のただ一つの定義

では、そもそも、「人間としての成長」とは何か。

ここまで、私は、「人間としての成長」ということを語ってきました。
なぜ、私は、マネジメントの道を歩んだのか。
その問いに対して、「人間としての成長を求めて」と答えてきました。

では、その「人間としての成長」とは、何か。

その答えと定義は、様々にあるのかもしれません。

しかし、私にとっての定義は、ただ一つです。

永くマネジメントの道を歩んで、私は、この定義に辿り着きました。


「心の世界」が見えるようになること。


それが、私にとっての「人間としての成長」の定義です。

もとより、「成長」の定義として、他の定義もあるでしょう。

「忍耐力がついた」

「意志が強くなった」

「積極的になった」

そうした定義もあるでしょう。


しかし、「人間としての成長」とは、文字どおり「人間」としての成長。

この「人間」という文字を見つめていると、この定義が、最も心に収まるのです。

この字を見つめていただきたい。

「人間」と書いて「人の間」と読む。

そのことを考えるならば、我々が「人間として成長する」ことの意味が見えてくる。

「人と人とが、心を互いに理解し合えるようになること」
「人と人とが、心を通わせることができるようになること」
「人と人とが、心を一つにすることができるようになること」

「人間として成長する」とは、そうした意味なのでしょう。

そして、もしそうであるならば、やはり「人間としての成長」の定義は、一つ。

「心の世界」が見えるようになること。

そして、それが見えるようになると、自然に、できるようになる。

「心の世界」に処すること。

それが、できるようになります。

では、「心の世界が見える」とは、いかなる意味か。

「人の心が分かる」

端的に言えば、その力量です。
それを、日常使われる言葉で表せば、次の「三つの力量」です。

「相手の気持ちが分かる」
「場の空気が読める」
「自分が見えている」

そして、この定義に従えば、「未熟」という言葉の定義も、明確です。

「人の心が分からない」

「相手の気持ちが分からない」
「場の空気が読めない」
「自分が見えていない」

それが「未熟」ということの定義です。

そして、その意味では、私も、まだ「未熟」です。

まだ、人の心が分からない。

その意味では、まだまだ「未熟」です。
それでも、昔に比べれば、少しは「成長」できたのかと思います。

少しは、人の心が分かるようになった。
何よりも、自分の「未熟さ」が分かるようになった。

それだけでも「成長」できたと思います。
それは、やはり、マネジメントの道を歩ませていただいたからでしょう。

「無言の声」が聞こえるようになるとき

では、「心の世界が見えるようになる」とは、何か。
もう少し深く、述べておきましょう。

それは、「三つの心」が見えるようになるという意味です。

第一は、「相手の心」です。

まず、成長の最初の段階は、この「相手の心」が見えるようになってくる。

例えば、ビジネスにおいては、営業の場面で、その力が磨かれる。

営業において、お客様に、一生懸命に商品の説明をする。

お客様は、ただ、黙って聞いているだけ。

その表情を見ても、商品に興味があるのか、無いのか分からない。

いや、本当に駆け出しの頃は、商品説明に精一杯で、お客様の表情さえ目に入らない。

お客様が退屈そうにしていても、眠そうにしていても、気がつかない営業担当者もいる。

それが、修行を積むと、お客様の心の動きが分かるようになってくる。

何気ない表情の変化、目の配り、仕草からでも、心の動きが感じ取れるようになる。

さらに修行を積むと、声が聞こえるようになってくる。

お客様の「無言の声」が聞こえるようになってくる。


それが、「相手の心」が見えるようになるということの意味です。

では、なぜ、営業の場面で、この力が磨かれるのか。

「下座の行」だからです。

営業とは「下座の行」。
相手は、お客様。こちらは、業者。
その上下の関係の中で、こちらが、相手に仕えることが求められる。
こちらが相手の気持ちを汲み、相手の心を感じ取ることが求められる。
だから、その力が磨かれるのです。
「無言の声」を聞く力が磨かれるのです。

逆に、こちらがお客様の立場に立つと、その力は、あまり磨かれない。
こちらが多少、自分中心に振舞っても、業者である相手が合わせてくれる。
立場上、仕事は楽だが、力は磨かれない。

ときおり、五〇歳になっても、相手の心を感じ取る力が弱い人にお目にかかる。
その方の経歴を伺うと、営業的な経験をあまり積まずに歩んできた方が多い。
もしくは、お客様としての立場で長く仕事をしてきた方が多い。
ときには、若い頃から「先生」と呼ばれる職業を歩んできた方がいる。

恐いことに、これは誤魔化せない。
それまでに、どのような職業の道を歩んできたか。
実は、そのことは、経歴を伺わなくとも分かってしまう。

逆に、長く「下座の行」をしてきた方は、その立ち居振る舞いで分かる。
長く営業の世界を歩んできた人は、その雰囲気で分かる。
しかし、こちらにも、恐い落し穴がある。

長く営業の道を歩むことによって、妙に卑屈な雰囲気を身につけてしまう人もいる。
人間としての矜持を失ってしまった営業担当者。
また、いわゆる面従腹背の雰囲気を身につけてしまう人もいる。
お客様の前では慇懃に振舞っているが、陰では傲慢な姿を示す営業担当者。
営業の世界では、そうした人も少なくない。

これらの方々は、「下座」という言葉の意味を誤解しているのでしょう。

「下座の行」とは、誇り高き行。

この出会いは、こちらが業者で、相手がお客様というご縁。
だから、このご縁は、こちらが「下座の行」を務めさせていただくご縁。
そうであるならば、「下座」に徹して仕えさせていただく。
そのことを通じて、成長をさせていただく。

その覚悟が、「下座の行」の本当の意味。

そして、その覚悟があれば、卑屈になることもなければ、面従腹背になることもない。
己の矜持を失うこともなければ、相手に対する敬意を失うこともない。

なぜなら、我々は、客先での営業の帰り道、喫茶店に入れば、そこでは、別の縁。
こちらがお客様で、相手が業者の立場というご縁。

そして、その喫茶店の店主もまた、買い物に出かければ、自分がお客様。

我々は、そうした縁を得ながら、「下座の行」を通じて修行をさせていただいている。
人間としての成長の道を歩ませていただいている。

そのことに気がつくか、気がつかないか。

それだけで、ビジネスの世界の風景が、まったく違って見える。

そして、そのことが、このビジネスの世界の素晴らしさ。

私は、そのことに惹かれて、営業の道を歩み、ビジネスの道を歩んだのでしょう。

マネジメントとしての「雑談」

では、「心の世界が見えるようになる」ということの、第二の意味は、何か。

「集団の心」が見えるようになる。

その意味です。
そして、これは、成長の第二の段階。
「相手の心」が見えるようになってきたら、次に、この段階がやってくる。
そして、それは、マネジメントの道を歩む人間にとって、不可欠の段階。

営業などの下座の修行を通じ、「相手の心」が見えるようになってくる。
営業の経験を積む機会がなくとも、上司をお客様と思い定めれば、それが修行。
そして、「相手の心」が見えるようになってくると、部下を預かれるようになる。
預かった部下の心を感じ取れることは、マネジャーにとって、大切な資質。
しかし、その修行を続けていると、さらに多くの部下を預かるようになる。
すると、次は、この力量が求められる。

「集団の心」が見える。

言葉を換えれば、「場の雰囲気」を感じ取れる、「場の空気」が読めるということ。

これは世界共通に、マネジャーに求められる力量。

例えば、アメリカに「ＭＢＷＡ」という言葉がある。

"Management by Wandering Around"という言葉の略語。

すなわち、「職場を徘徊することによるマネジメント」です。


これは、日本においても、行っているマネジャーは少なくない。

職場のあちこちを回りながら、色々なスタッフと雑談をする。

他愛もない雑談をしながらも、実は、マネジメントをしている。

職場の雰囲気はどうか。いつもと違っているか。

何が違っているか。その原因は何か。

田中君の表情が、いつもより、少し暗いようだ。

残業続きで疲れているのだろうか。仕事が壁に突き当たっているのだろうか。

鈴木君は、最近、好調のようだ。良い笑顔をしている。

あまり相性の良くない加藤君とは、最近、うまくやっているだろうか。

そんなことを、皮膚で感じ取りながら、職場を徘徊する。
頭で考えるのではなく、体で感じ取る。
職場の空気を、皮膚感覚で摑む。
その感じ取り、摑んだものを、マネジメントに生かす。

それが、ＭＢＷＡです。

職場には、ときおり、このＭＢＷＡの達人がいる。
昔、そうした上司がいました。
いつも営業で外を飛び回っている。
たまに戻ってきたときも、机で仕事をしている姿を見かけることは少ない。
いつも、あちこちで雑談をしている。
けれども不思議なことがある。
若手社員が、仕事で壁に突き当たっているとき。
人間関係で気持ちが落ち込んでいるとき。
そうしたとき、なぜか、いつも声をかけてくれる。

「おい、コーヒーでも飲みに行くか」

その一言で、いつも救われる。

それが、若手社員の間では、評判でした。

いま振り返れば、この上司は、ＭＢＷＡをやっていた。

その達人だったのです。


そして、何よりも不思議なことがある。

この上司が、外の営業から戻ってくると、なぜか、職場が明るくなる。

特に、部下を集めて元気の出る話をするわけではない。

ただ、席に座っているだけで、職場全体に活気が出る。


いま振り返れば、この上司は、職場の空気や雰囲気を、肌で感じていた。

それだけでなく、その「集団の心」に働きかける方法も、熟知していた。

それも、まさに達人と呼ぶべき方法で。


「力に満ちて、そこに在る」

その方法で、「集団の心」に働きかけていた。

そのことが、何年も後になって、分かりました。
自分がマネジメントを行い、ＭＢＷＡを行うようになって、分かりました。
この上司は、達人であった。
そのことが分かりました。

最も難しい「心の世界」

では、「集団の心」が見えるようになると、次は何か。

次が、最も難しい「心の世界」。
我々が、最も見えていると思って、実は、最も見えていない「心の世界」。

それは、何か。

「自分の心」

これが、実は、最も見えていない。

これが見えるようになってきたら、マネジメントも、そろそろ見事な世界。
しかし、難しい。
なぜか。

「自分の心」とは、「無意識の世界」だからです。

もちろん、「意識」の世界も「自分の心」。
しかし、本当に深く、大きな領域は、自分の中の「無意識」の世界。
これが、我々の行動と人生に、最も大きな影響を与えていく。
それにもかかわらず、我々は、気がつかない。
自分の「無意識」の世界が、いかなる状態にあるか、気がつかない。

例えば、ときおり、「ウェット・ブランケット」と呼ばれるマネジャーがいる。
「ウェット・ブランケット」とは、文字通り「濡れた毛布」という意味。

ある日、若手社員が、やる気を出して、何かを提案してくる。
それを、どこか冷めて見る。シニカルに見る。
そして、その提案の問題点を、一つひとつ、理詰めで指摘していく。
若手社員は、反論できない。反論しても、論破される。
そして、この若手社員の中で燃え上がろうとした火は、消されていく。
あたかも、燃え上がりそうな火を消すとき、濡れた毛布を掛けるように。
それは、見事な「ウェット・ブランケット」。

このマネジャー、頭は悪くない。
むしろ、周りからも頭の良さは、認められている。
けれども、気がついていない。
自分の心の奥深くに、何があるか。

「深い劣等感」

それがあることに、気がついていない。
特に、このマネジャーが、高学歴の場合は、なおさら気がつかない。
周りからは、「優秀」と言われ続けてきた。
特に「学歴社会」では、若い時代から、その評価を得てきた。
自分でも、表面意識は、「自分は優秀だ」と思い込んでいる。
だから、自分の心の奥深くに、気がつかない。
そこに、「深い劣等感」があることに、気がつかない。

では、なぜ、そのことが分かるのか。
なぜ、このマネジャーの心の奥底に、「深い劣等感」があることが分かるのか。
それは、このマネジャーの素朴な行動から、分かる。

「人を誉められない」

このマネジャーは、あまり、人を誉めない。

人を誉めることが、苦手。

なぜなら、人を誉めると、自分の心の奥深くの「劣等感」が刺激されるから。

だから、人を誉めたくない。

しかし、このマネジャーの表面意識は、そのことに気がついていない。

表面意識は、「自分は優秀だから、自分が誉めるに値する人間はいない」と思っている。

しかし、本当はそうではない。


このマネジャーの「無意識」の世界は、思っている。

「自分は優秀ではない」と思っている。


それが、深い「コンプレックス」になっている。


この逆説。

心の世界の、恐ろしい逆説。

「謙虚」になれない真の理由

かつて、臨床心理学の河合隼雄氏との対談の機会を得たときのこと。
そのとき、河合氏が語られた言葉が、心に残っている。

「人間、自分に本当の自信がなければ、謙虚になれないのですよ」

「そして、人間、本当の強さを身につけていないと、感謝ができないのですよ」

この言葉は、真実。
恐ろしいほどの、真実。

これは、カウンセリングの世界だけの言葉ではない。

マネジメントの世界でも、この言葉は、真実。

たしかに、職場で傲慢な姿勢を示すマネジャー。
その内面から伝わってくるのは、実は、自信の無さ。
ただ、やはり、それは無意識の世界。
本人は、気がついていない。

そして、形の上では、謙虚な姿勢を見せるマネジャー。
言葉遣いや物腰は、たしかに、謙虚な姿勢を見せる。
しかし、内面から伝わってくるのは密やかな傲慢さ。
そして、さらにその奥から伝わってくるのは、やはり、自信の無さ。
そうしたマネジャーもいる。

本当の謙虚さを身につけているマネジャーは、内面から、静かな自信が伝わってくる。
本当の自信を身につけたマネジャーは、自然に、内面から、謙虚さが表れてくる。

心の世界の、その逆説。

感謝も、また同じ。

例えば、部下に感謝する。
それができないマネジャーがいる。
マネジャーであるかぎり、部下に指示を出す。部下を動かす。
それは、当然、あって良い。
しかし、その心の深いところで、部下に感謝しているか。
それが、マネジャーの生涯の歩みを分ける。

なぜなら、部下に感謝できるということは、心の強さ。
心が弱ければ、何かに感謝することは、自分が失われてしまうような気がする。
それが、自分よりも目下の部下であるならば、なおさら。
それでも、堂々と、感謝できる。
それは、心の強さ。

いや、魂の強さと言ってよい。

しかし、この感謝ということも、無意識の世界。
それができないマネジャーは、その理由に気がつかない。
それが、自分の心の弱さ、自分の魂の弱さの現れであることに、気がつかない。

そして、形の上では、感謝の姿勢を見せるマネジャーもいる。
表面的には、たしかに、感謝の言葉を述べる。
しかし、その言葉からは、本当の感謝の気持ちは伝わってこない。
心のこもった感謝の気持ちは伝わってこない。
その理由は、明確。

こめるべき心そのものが、弱い。
だから、心がこもらない。

心をこめるということは、実は、大変な心のエネルギーを要する。

だから、心の弱い人間は、心をこめることができない。

しかし、このことは、逆に、大切なことを教えてくれる。

もし、我々が、心を強くしたいのであれば、どうすればよいか。

一つの明確な方法がある。

肩が弱いため、強い球を投げられないピッチャーは、どうすればよいか。
毎日、全力で球を投げる修練を続ければ、自然に、肩は強くなっていく。

心の世界も、同じ。

「すべてのことに、心をこめる」

その修行を、毎日、続ければよい。

もし、一人の人間が、日常、その修行をすれば、心は自然に強くなっていく。
ただし、その修行に求められるのは、一〇年の歳月。
問われることは、その一〇年の修行ができるか。
いかに楽をして、力を身につけるか。
いかに早く、力を身につけるか。
そうしたことを求める現代の風潮のなかで、その一〇年の修行ができるか。
本当は、それが勝負なのです。

一〇年の修行を続ける覚悟

この未熟な著者も、若き時代に、そのことに気がつきました。

それゆえ、もう四〇年近く続けている、修行があります。

ささやかな修行です。

電話の修行。
廊下の修行。

その二つです。

電話が掛かってくる。
その電話を終えるとき、相手が誰であっても、心の中で、深く感謝する。
「有り難うございました」
その感謝の言葉を、心をこめて心の中でつぶやく。
そして、心を整え、静かに受話器を、置く。

それだけの修行です。

また、会社の廊下を歩く。
廊下を掃除してくれている人の横を通り過ぎる。
そのとき、心をこめて、その人に会釈をする。
そして、心の中で「有り難うございます」とつぶやく。

それだけの修行です。

ささやかな修行です。

まだ、自分が未熟な人間であるために、こうした修行を続けている。
そして、おそらく、自分は、生涯、この修行を続けていくでしょう。

もとより、それは、誰のためでもない。
未熟な自分のため。
自分自身の成長のためです。

しかし、それでも、永年この修行を続けていると、少しは強くなれたようです。
自分の心が強くなれたようです。

先ほどの河合隼雄氏の言葉は、真実です。
しかし、その逆も、真実なのです。

「人間、本当の強さを身につけていないと、感謝ができない」

しかし、その逆も真実なのです。

「人間、感謝の行を続けていると、心が強くなってくる」

そして、こうした修行を通じて、大切なことに気がつきました。

修行に、高度な修行というものはない。
修行とは、日常の生活の中にある、素朴な行のこと。

問われているのは、その修行を続けられるか、否か。
それだけなのです。

自分の心が見えてくる時代

このように、心の世界は、逆説に満ちています。

世の中の常識では、こう思われている。

自分に自信があるから、傲慢になる。
自分が強いと思うから、感謝しない。

それは、実は、まったく逆なのです。

本当の自信がないから、謙虚になれない。
本当の強さがないから、感謝ができない。

この逆説。
心の世界の、この深い逆説に気がつくべきでしょう。

そして、それは、人を誉めることも同じです。

自分に優越感があるから、人を誉められないのではない。
自分に劣等感があるから、人を誉められない。

そして、だから、マネジャーは、気がついていなければならない。
自分の心の奥深くの世界に、気がついていなければならない。

では、もし、マネジャーが、無意識に、劣等感を抱いていたならば、何が起こるか。
その心の奥底に、深い劣等感を抱いていたならば、何が起こるか。

部下を殺します。

部下の心を殺します。

例えば、先ほどの「ウェットブランケット」のマネジャー。
彼は、無意識に、部下の心を殺していきます。
表面意識では、部下を指導していると思っている。
しかし、無意識の世界で、部下を殺し始める。
自分の劣等感を刺激する優秀な部下を、心の中で殺し始めます。
そして、その結果、その願い通り、部下の心は死んでいく。
部下の心の中にあった、燃え上がるような意欲は、死んでしまうのです。

だから、我々、マネジャーは、気がついていなければならない。
自分の心の奥深くにある劣等感に、気がついていなければならない。

では、どうするか。
その心の奥深くの劣等感を、どうすればよいのか。

もとより、その劣等感を克服し、それが無くなっていれば、理想。
しかし、心の奥深くの劣等感を克服することは、極めて難しい。
けれど、そこに、一つの救いがある。

「その存在に、気がついているだけでよい」

その救いです。

劣等感とは、その存在に気がついているだけで、あまり悪い作用をしなくなる。

なぜか。

もともと、この「劣等感」、しばしば「コンプレックス」とも呼ばれる。
しかし、この「コンプレックス」とは、心理学用語では「心的複合」と訳される。
それは、実は、単なる「劣等感」のことではない。

例えば、記憶力の悪い人物がいる。
自分の記憶力の悪いことを嘆いている。
それだけでは、病的な状態ではない。

自分の劣った部分を認め、それを嘆く。
その状態で、人間の心は、他者に対して、あまり悪い作用をしない。

では、問題は、どこにあるか。

心の奥深くで、叫ぶ自分がいる。

その劣った部分を認めたくないと、叫ぶ自分がいる。

そのとき、我々の心は、病的な状態に陥り、他者に対して悪い作用を始める。

では、どうするか。

光を当てる。

その心の闇の部分に、光を当てればよい。
言葉を換えれば、自分の心の中の劣等感を、抑圧せず、認めること。
自分の劣った部分、未熟な部分を、認めること。
そのことだけで、救われる世界がある。

だから申し上げたい。

マネジャーは、自分の心の中の劣等感に、気がついていなければならない。

そして、自分の心の奥深くが見えていなければならない。

それが、第三の「心の世界」。
「自分の心」という世界。

このように、「人間としての成長」とは、「心の世界」が見えるようになること。
それは、「三つの心」が見えるようになること。

「相手の心」
「集団の心」
「自分の心」

そして、この「三つの心」が見えるようになってきたとき、いよいよ、登り始める。
「人間成長」という聳え立つ頂に向かって、我々は、登り始めるのです。

マネジャーが身につけるべき「人間観」とは何か

「人間学」を書物で学ぶことの過ち

マネジャーが、「人間成長」という聳え立つ頂に向かって、登り始める。
そのとき、山道を登っていくために、身につけるべき大切なものがあります。

「人間観」

それを身につけなければならない。

「人間」というものをどう見るか。どう観ずるか。

その「人間観」です。
そして、この「人間観」を身につけるために、しばしば用いられるものがあります。
「人間学」
「人間」というものの本性を知るための学びです。
しかし、この「人間学」を学ぼうとするとき、しばしば陥ってしまう落し穴がある。
書物を通じて「人間学」を学ぶ。
その落し穴に陥ってしまうのです。
もとより、人類の残した古典を繙けば、そこには優れた人間学の書が数多くあります。
東洋思想においても、仏教、儒学、老荘、禅を始め、優れた思想が数多くあります。

そして、それらの書を読むことは、たしかに大切なことです。
優れた先人が残した人類数千年の叡智を学ぶことができる。
人間というものについての深い洞察と智恵を学ぶことができる。
それらの書を読むことによって、そうした学びを得ることができます。

しかし、では、なぜ、これらの「人間学」の書を読むことが、落し穴になるのか。

「知識」を学んで、「智恵」を掴んだと思い込む。

その落し穴があるからです。
そして、その落し穴に陥る人は、決して少なくない。

例えば、ときおり、こうした方に、お目にかかる。
永く「人間学」と称する学問を学んできた。
古典を始め、数多くの書物を読んできた。
それらの古典に関する知識は、見事なほど。

話し始めれば、それらの古典の言葉を引用して、難解な言葉が次々に出てくる。
ときに、その古典の名句を諳んじることもできる。
しかし、しばらく話していると、その人物に、不思議な感覚を抱く。

「人間力」が伝わってこない。

その人物から、人間としての魅力や、人間としての力量が、伝わってこないのです。
そして、そのとき、気がつきます。

この方は、「人間学」を、単なる「知識」として学んだに過ぎない。

そのことに、気がつきます。

この方は、様々な古典を通じて学んだことを、単なる「知識」で終わらせている。
その「知識」を、自身の人生の体験を通じて、「智恵」へと昇華していないのです。
言葉を換えれば、「頭」で理解しているだけで、「体」で摑んでいないのです。

では、なぜ、それが分かるか。

「言葉」が軽いからです。

それは、恐ろしいほどに分かります。
特に、古典の言葉などを語るとき、それは、恐ろしいほどに分かる。
それを、単なる「知識」として語っている人間の言葉は、その軽さが際立つ。

なぜならば、古典の言葉とは、言葉そのものが重いからです。
その重い言葉を語るには、語る人間に、相応の力量が求められる。
その力量のない人間が、重い言葉を語ると、その力量の軽さが際立ってしまうのです。

喩えて言えば、それは、重い鉄の球を投げる人間の姿です。
球が軽ければ、力が有っても、無くても、それなりに投げることができます。
しかし、球が重ければ、それを投げる人間の力量の無さが、際立って見えてしまう。
そうした姿です。

では、なぜ、「人間学」を単なる「知識」として学ぶという落し穴に陥ってしまうのか。

我々の心の中に、弱さがあるからです。

「現実との格闘をせずに、素晴らしい境涯に至りたい」

そうした安易さと弱さがあるからです。


それは、喩えて言えば、エベレストの写真を集め、それを眺めている人間に似ている。

写真を眺めることによって、その頂上に立ったような気になることはできる。

しかし、本当にその頂上に立つためには、自ら重い荷物を背負わなければならない。

そして、厳しい山道を、登り続けなければならない。

しかし、我々の心の中の弱さは、山道を登ることなく、素晴らしい景色を見たいと思う。

現実と格闘することなく、素晴らしい境涯を求めるのです。

そして、いま、世の中には、その我々の心の弱さに誘いかけるメッセージが溢れている。

「いかに苦労をせずに、素晴らしい何かを得るか」

書籍にも、雑誌にも、そのメッセージが溢れています。
それゆえ、それらのメッセージが、我々の心の弱さを、さらに助長してしまうのです。

「人間学」を学ぶ唯一の方法

では、どうすればよいのか。

「人間学」が、書物から学ぶことのできないものであるならば、どうすればよいのか。
それが、自身の「体験」からしか学べないものであるならば、どうすればよいのか。
ただ一つの方法しかありません。

人間と「格闘」する。

それが、唯一の方法です。

人間を知ろうと思うならば、人間と「格闘」しなければならない。
単に表面的に人間と接するのではなく、人間と「格闘」しなければならない。
日々の仕事の中で、日々の生活の中で、生身の人間と「格闘」しなければならない。

では、「格闘」とは、何か。

それは、決して、「戦う」ことや、「争う」ことではありません。

「正対」することです。

人間の心と「正対」することです。

それが、人間と「格闘」するということの意味。

なぜなら、人間の心と「正対」すると、自然に、始まるからです。
自然に、静かな「格闘」が始まる。

例えば、職場の部下の田中君が、人間関係で悩んでいる。
マネジャーとして、その田中君の話を、夜、二人きりで聞かせてもらう。
しかし、これが容易ではない。
もとより、ただ「聞く」だけなら、難しくはない。
多くのマネジャーが、日常的に行っている、部下との話し合い。
それは、難しくない。
しかし、このとき、田中君の心と「正対」し、話を聞くことは、極めて難しい。

なぜなら、まず、田中君が、深く心を開いて、本当の気持ちを語ってくれるか。
それが難しい。
しばしば、マネジャーは部下に対して、「本音で話をしよう」と語る。
そして、そこで語られた言葉を、「本音」であると思い込む。

しかし、人間の心は、それほど単純ではない。
「本音」を語っているように見せて、「本音」を語らない。
そうしたことは、多くの人々が、無意識に行っていること。

では、なぜ、「本音」を語ってくれないのか。

「信頼」していないから。

その部下が、そのマネジャーを、人間的に深く信頼していないから。
そして、その人間を深く信頼しないかぎり、人は、その「本音」を語らない。
では、なぜ、「信頼」していないのか。
それは、そのマネジャーが日常に示す姿を、その部下が見ているから。

上司に対して裏と表を使い分けるマネジャー。
部下に対する操作主義を感じさせるマネジャー。
聞いた話を、すぐに誰かに話す、口の軽いマネジャー。

そうしたマネジャーが、部下から信頼されないのは、当然でしょう。

では、マネジャーは、信頼を得ていればよいか。
そうした信頼を得ていれば、部下は、「本音」を語ってくれるか。

それだけでも、まだ不十分。
さらに、求められるものがある。

自ら「心を開く」ことです。

田中君に心を開いて欲しいと思うならば、自分も心を開かなければならない。
しかし、これがさらに難しい。
誰にもエゴがある。
自分を守りたいというエゴがある。
そして、「心を開く」ということは、そのエゴが、「脅威にさらされる」ということ。
心を開くことは、ある意味で、城砦が門を開くこと。無防備になること。

それは、エゴが脅威を感じるということでもある。
だから、自分自身、心を開くことは、難しい。
ましてや、相手に心を開いてもらうことは、さらに難しい。

では、マネジャーは、心を開けばよいか。
実は、それでも、まだ、不十分。
では、さらに何が求められるか。

「聞き届け」をすること。

すなわち、ただ「聞く」のではなく「聞き届け」をする。
そのことが求められます。

「聞き届け」とは、相手の語っている言葉を、深い共感の心を持って、聞くこと。
相手の言葉を、こちらの心の奥深くに届けるような気持ちで、聞くこと。
共感の思いを、相手の心の奥深くに届けるような気持ちで、聞くこと。

その「聞き届け」が求められます。

そして、それが、「格闘」ということの意味。
人間の心と正対して、格闘するということの意味。

この例のように、部下の話を聞くというだけでも、大変な格闘が求められる。
部下の信頼を得ること。
自分の心を開くこと。
聞き届けをすること。
それらは、いずれも、「人間の心」との、大変な格闘が求められるのです。

しかし、それゆえ、その格闘を通じて、我々は「人間の心」というものを、深く知る。
そして、それこそが、「人間」というものを知る「人間学」の王道なのです。

「その人にとっての真実」に耳を傾ける

このように、悩んでいる部下の話を聞くことだけでも、深い学びの機会。
そのとき、人間の心に正対し、格闘するならば、素晴らしい学びがある。
それは、「人間学」を学び、「人間観」を養う、素晴らしい機会なのです。

それにもかかわらず、その機会を大切にしないマネジャーも、少なくない。

例えば、部下の話を聞いているようで、聞いていないマネジャー。
心の中で他の事を考えながら、聞いている。
とりあえず、あいづちは打っているが、心の中では、聞き流している。

また、部下の話を聞いているが、聞き届けていないマネジャー。
部下の話を、なるほど、と形は頷いて聞いているが、心の中では、反論している。
心の中では、「本当に、そうか」「そうではないだろう」と反論しながら聞いている。
その姿には、どこにも部下への共感は、ない。

この二人のマネジャーは、「聞き届け」ができない。

実は、この「聞き届け」とは、カウンセリングの世界の言葉。
カウンセラーに求められるものは、クライアントの心に正対し、聞き届けること。
クライアントの話す言葉を、心の奥深くで、聞き届ける。

しかし、そのとき、心に置くべき大切な言葉がある。

「その人にとっての真実」

その言葉です。

この言葉は、大切な言葉。
なぜなら、この言葉は、我々に、深い世界を教えてくれるからです。

我々は、いつも、この「真実」という言葉を、「客観的な真実」という意味に使う。
しかし、「真実」には、「客観的な真実」と「主観的な真実」がある。

「客観的な真実」とは、誰もが認める「事実」のこと。

「主観的な真実」とは、その人にとって、世界がどのように見えているかということ。

そして、我々が犯す過ちは、「客観的な真実」で、「主観的な真実」を裁くこと。

例えば、人間関係に苦しむ田中君が、マネジャーに対して、その心の苦しさを語る。

「あの課長は、鬼です。この職場は、地獄です」

この言葉に対して、我々は、しばしば、こう答えてしまう。

「それは君の誤解だよ。あの課長は、そんなに酷い人じゃない」

「それは、君の思い込みだ。この職場は、良い雰囲気じゃないか」

しかし、このとき、我々マネジャーは、理解しなければならない。

ここで最も大切な問題は、「事実」がどうであるかではない。

いま、田中君にとって、「上司が鬼のように感じられる」ということ。
いま、田中君にとって、「職場が地獄のように感じられる」ということ。

そのことが、最も大切な問題。
それが、いま、「田中君にとっての真実」。
マネジャーは、そのことを理解しなければならない。

もとより、このことは、田中君の言うことを、鵜呑みにするということではない。
何よりも、まず、田中君にとって、いま、世界がどう見えているか。
そのことを、虚心に理解すること。
そのことを、価値判断や批判意識を持たずに、まず、ありのままに受け止めること。
それが「聞き届ける」ということの、本当の意味です。

では、もし我々マネジャーが、本当に「聞き届け」をしたならば、何が起こるか。

不思議なことが、始まります。

田中君の苦しみが、和らいでいくときもある。
田中君の傷ついた心が、癒されるときもある。
田中君の心に、気づきが訪れるときもある。

それも、マネジャーが、優れたアドバイスをするからではない。
マネジャーが、田中君を、叱咤激励するからではない。

ただ、誰かが、自分の話を、深い共感の心を持って聞いてくれる。
聞き届けてくれる。
それだけで、何かが変わり始めるのです。

それは、マネジメントとカウンセリングに共通の、不思議な世界です。

マネジャーに求められる「心のエネルギー」

しかし、それは、マネジャーにとって、大変な「格闘」。

部下の話を、聞き届ける。

それを行うためには、実は、大変な「心のエネルギー」が求められる。

傍目で見ていると、ただ、黙って話を聞いているだけ。
静かな雰囲気の時間が過ぎていきます。
しかし、マネジャーの心の世界では、大変なエネルギーが使われている。
それは、この「聞き届け」を行ってみれば、すぐに分かります。

だから、数多くのカウンセリングを実践してきた河合隼雄氏は、語っています。
カウンセラーに求められる心のエネルギーについて、こう語っています。

「ときには、こちらが、死にそうになるくらいです」

その通りでしょう。
相手の背負っている「心の重荷」を、心で支えてあげたいと思う。
その重荷を、一緒に背負ってあげたいと思う。
それは、大変な「心のエネルギー」が求められる営みです。
そして、大きな「心の器」が求められる営みです。

しかし、その心のエネルギーを惜しむかぎり、本当のマネジメントはできない。
そう思います。
そして、こうして部下の話を聞き届けるということは、実は、マネジャーの修行。
マネジャーにとっての、心の修行なのです。

しかし、もし、あるマネジャーが、この心の修行を続けたならば、必ず気がつく。
ある日、気がつくでしょう。

自分が、大きな「心のエネルギー」を身につけていることに。
そして、自分の「心の器」が、大きく広がっていることに。

そのことに、気がつくでしょう。

そして、それこそが、マネジメントの道の素晴らしさ。

若手社員の時代だからこそ見える世界

このように、人間の心に正対し、格闘すること。

それは、我々に、深い「人間学」の学びの機会を与えてくれます。
そして、我々に、深い「人間観」を身につける機会を与えてくれます。

しかし、この「人間学」と「人間観」。
それは、決して、マネジャーになってから学ぶものではありません。

実は、若い新入社員の頃から、その学びは始まっているのです。

いや、若手社員の時代だからこそ、そこには、深い学びがある。

それは、なぜか。

組織の最下層にいるからです。

この立場にいるときには、人間の姿がよく見える。

昔から、マネジメントの世界には、名言があります。

上司、部下を知るに三年かかる。

部下、上司を知るに三日で足りる。

怖い名言です。

そして、たしかに、その通りです。

組織において、部下は、上司に従う身。
それゆえ、部下は、上司の前では、良い顔しか見せない。
だから、上司は、部下の本当の顔を、なかなか知ることができない。

しかし、逆に、上司は、部下を従える身。
それゆえ、上司は、部下の前で、ありのままの姿を見せる。
だから、部下は、上司の本当の顔を、容易に知ることができる。

そのことを警句として語った、名言です。

そして、だから、若手社員の時代は、多くを学べる。

組織の最下層にいるとき、組織というものの舞台裏が、見える。
上司に仕えるとき、人間というものの様々な姿が、見える。

顧客に対して裏と表を使い分ける上司の姿。
部下に対する露骨な操作主義を示す上司の姿。
自分の気分次第で部下に接する上司の姿。

そうした姿を見て、人間というものの陰の世界を学ぶ。
ある状況において、人間というものが、どのような姿を示すかを学ぶ。
そして、その人間の姿が、自分の中にもあることを学ぶ。

一方、優れた上司の姿からも、多くを学ぶ。
顧客に対して誠実に接する上司の姿。
部下を一人の人間として遇する上司の姿。
部下の心を深い思いで支える上司の姿。

そうした姿を見て、人間というものの光の世界を学ぶ。
ある状況において、人間というものが、どのような輝きを示すかを見る。
人間というものの、素晴らしさを学ぶ。

このように、若手社員の時代は、人間というものの、裏も表も見ることができる。
そして、それが、若き時代の、最高の「人間学」の学びとなるのです。

だから、若手社員の時代とは、単なる「下積み」の時代ではない。

それは、職場での体験を通じて、深い「人間学」と「人間観」を身につける時代。

されば、若手社員の方々は、心を定めるべきでしょう。

ビジネスというものの、目を背けたくなる世界を見たとき。
組織というものの、寂しい部分を見たとき。
人間というものの、悲しい姿を見たとき。

心を定めるべきでしょう。

「いつか、この時代を懐かしく振り返ろう。

この時代が、最も豊かな学びの時代であったと、思えるときがくる。
そのことを信じて、学び続けていこう。
歩み続けていこう」

そう、思い定めるべきでしょう。

なぜなら、どの世界にも、あるからです。
陰だけでなく、光があるからです。

だから、もう一つの世界も、しっかりと見つめるべき。

ビジネスというものの、眩しく仰ぎ見る世界。
組織というものの、輝ける部分。
人間というものの、素晴らしい姿。

その若き日の学びが、必ず、糧となる時代がくる。

そして、いつか、深く問われるときがくる。
歳を重ね、経験を重ねてマネジャーになったとき、深く問われるときがくる。

若き時代に、ビジネスの世界の、裏も表も見てきたか。
組織というものの、裏も表も見てきたか。
そして、人間というものの、裏も表も見てきたか。

そのことが、深く問われるときがきます。

そのとき、心の中で、静かな信念を持って、答えていただきたい。

「ええ、見るべきものは、見てきました。
若き日に、素晴らしい人間学の学びをさせていただきました。
そして、深い人間観を身につけさせていただきました」

そう答えていただきたいのです。

「反面教師」という言葉の落し穴

しかし、この「人間学」の学びにおいて、決して忘れてはならないことがある。

我々が、決して忘れてはならない、大切な心構えがあります。

「他の人物の姿は、すべて、自分の中にもある」


その心構えです。


では、なぜ、この心構えが大切か。

なぜなら、「人間学」の学びにおいて、我々がしばしば陥る過ちがあるからです。

「他者を、裁いてしまう」


その過ちです。

すなわち、他の人物が示す残念な姿を見たとき、心の中で、裁いてしまうのです。

「あの姿は、残念な姿だ」

そう思うことは、構わないのです。
しかし、その後、心の中で、こう考えてしまう。

「自分は、あのような姿は示さない。
自分は、あの人物とは違う人間だ」

そう考えてしまうのです。

この瞬間に、我々は、その人物よりも「高み」に立ってしまう。

それは、我々のエゴが、密かに求めるものです。

「高みに立って、人を裁く」

それは、我々のエゴが、密かに喜ぶ瞬間であり、我々が陥る、最も大きな落し穴です。

そのエゴは、例えば、一つの言葉を使うときにも、忍び込む。

「反面教師」

この言葉を使うときにも、心の中で、こう考えてしまう。

「あの人物の姿を反面教師として、学ぼう。
自分は、あの人物とは違う。
決して、あのような姿は示さない」

こうして、我々は、密やかなエゴに導かれ、いつも、他者を裁いてしまうのです。

では、「裁かぬ」とは、いかなることか。

例えば、「反面教師」という言葉を使うのならば、このような意味で、使うべき。

「あの人物の姿を反面教師として、学ぼう。
あの姿は、自分の中にも、ある。
そのことを、あの人は、教えてくれたのだ」

それが、「反面教師」という言葉の、本当の意味です。

だから、申し上げたい。

「他の人物の姿は、すべて、自分の中にもある」

他の人物の残念な姿を見たとき、まず、その心構えを定めるべきでしょう。
そのとき、我々は、言葉の本当の意味での「謙虚さ」を身につけるのです。

そして、その謙虚さを身につけたならば、気がついていただきたい。

先ほど述べた言葉の、もう一つの意味に気がついていただきたい。


「他の人物の姿は、すべて、自分の中にもある」

それは、決して「他の人物の寂しい姿は、自分の中にもある」という意味だけではない。

「他の人物の素晴らしい姿もまた、自分の中にある」


その意味なのです。


そのことを、我々は、信ずるべき。

そして、その気づきこそが、「人間学」と「人間観」というものが、真にめざすもの。

そのことを、忘れないでいただきたい。

「人間観」が崩れていくマネジャー

そして、もう一つ。
こうして、若き日に「人間観」を身につけるとき、心に刻むべきことがある。
しっかりと、心に刻んでおくべきことがある。

それは、何か。

決して「人間観」を崩さない。

そのことです。

若き時代に、ビジネスの世界の、裏も表も見る。
組織というものの、裏も表も見る。
そして、人間というものの、裏も表も見る。

ときおり、そのことによって、「人間観」が崩れていく人がいるのです。

例えば、「所詮、ビジネスなんてものは、金で動くんだよ」と語る人。
「人間は、一皮剝けば、皆、同じだよ」と口にする人。
「サラリーマンは、組織の歯車なんだから」と公言する人。

これが、「人間観」が崩れてしまった人です。
しかし、私は、この方々を裁くつもりで、この話をしているのではありません。

この方々は、おそらく、見てしまった。
ビジネスというものの、あまりにも目を背けたくなる世界を見てしまった。
組織というものの、あまりにも寂しい部分を見てしまった。
人間というものの、あまりにも悲しい姿を見てしまった。
だから、こうした「寂しい人間観」を抱くようになってしまったのでしょう。

しかし、申し上げたい。

そこからが、勝負。

そこで、「人間観」が崩れてしまうのか、崩れないのか。
それが、ビジネスの世界を歩む人間の、ぎりぎりの勝負でしょう。

崩れてしまったら、そこで、ビジネスの世界の人生は、終わり。
ビジネスというものの、素晴らしい世界を知ることなく、終わってしまう。
しかし、もし、そこで「人間観」が崩れなければ、我々は、身につける。

本当の「強さ」を身につける。

人間というものの可能性を信じる「豊かな人間観」。
何によっても揺らぐことない「深い人間観」。

その「人間観」の強さを、身につけるのでしょう。

そして、その「豊かな人間観」を身につけたマネジャー。
「深い人間観」を身につけたマネジャー。
そのマネジャーこそが、素晴らしいマネジャーになる。
部下の成長を支える、素晴らしいマネジャーになっていくのです。

職場における「出会い」とは何か

マネジャーが身につけるべき思想

マネジャーは、「深く豊かな人間観」を身につけなければならない。
では、その「人間観」を身につけたならば、次に身につけるべきものは、何か。

「邂逅」の思想。

それを身につけなければならない。

では、「邂逅」の思想とは、何か。

「邂逅」とは、人と人との「出会い」のこと。

しかし、それは、単なる「出会い」ではない。

その奥に、人生を導く、最も深い思想がある。

人と人との「出会い」には、深い意味がある。

人と人との「出会い」は、単なる偶然のように見えて、一つとして偶然はない。
人と人との「出会い」には、かならず、深い意味がある。

その思想です。

しかし、この思想は、何かによって証明できるような思想ではありません。

ただ、そのことを信じるか、否か。

それだけです。

しかし、それを信じるか、否かで、そのマネジャーの歩みが、違ってくる。
まったく違ってくる。

人との「出会い」を、単なる偶然と思うマネジャー。
それは、無意識に、部下の人生に対して、淡白になる。
そして、部下との関係が、希薄になる。

人との「出会い」に、深い意味を見出すマネジャー。
それは、部下の人生にも、深い思いを持つ。
そして、部下との関係が、密度の濃いものになる。

そして、この「邂逅」の思想と、同じ思想を語る言葉がある。

「縁」

この言葉は、素晴らしい言葉。

我々は、人との出会いに、「深い縁」を感じるときがある。
その出会いに、「深い意味」を感じるときがある。

それは、「邂逅」を得た瞬間。

その瞬間に、我々の「出会い」は、「巡り会い」へと深まる。

だから、マネジャーは、部下との「出会い」において、一度、考えるべき。
その部下との「出会い」の意味を、深く考えるべき。

なぜ、この部下と巡り会ったのか。
なぜ、この部下と、この職場で巡り会ったのか。
なぜ、上司と部下という縁で巡り会ったのか。

この会社には、数多くの社員がいる。
この社会には、数多くのビジネスパーソンがいる。
その中の、他の誰かであったかもしれない。
しかし、なぜ、他の誰でもない、この部下と巡り会ったのか。

その意味を、深く考えるべきでしょう。

そして、その意味を考えるとき、我々は、気がつきます。

この部下とは、「深い縁」あって、巡り会った。

そのことに、気がつきます。

たしかに、それは「深い縁」。

この日本だけでも、いま、この瞬間に、一億を遥かに超える人々が生きている。
それらの人々の中で、自分の生涯において巡り会える人は、どれほどいるのか。

実は、我々が、この人生において巡り会うのは、一握りの人々。

それが、我々の人生の真実。

そうであるならば、気がつくべきでしょう。

いま、目の前にいる部下。
それは、その一握りの人々の中の、一人。
そうであるならば、それは、「深い縁」。

我々は、そのことに気がつくべきでしょう。

「有り難い出会い」の逆説

しかし、もし、そのことに気がつくならば、もう一つ、気がつくべきことがある。
良き人との出会いだけが、「有り難い出会い」ではない。

そのことに、気がつくべき。

なぜなら、職場での出会いは、「相性の良い人」との出会いだけではないからです。
むしろ、逆のことが多い。

素直に話を聞こうとしない生意気な、部下。
周囲との人間関係で問題を起こす、社員。
気分によって部下に感情的に当たる、上司。
人間としてあまり尊敬できない、経営者。

そう感じる出会いも、決して少なくない。
しかし、実は、それも「有り難い出会い」。
なぜ、そう申し上げるか。
一つの問いを、自らの中で、問うてみていただきたい。
我々は、人間として、いつ成長したか。
我々は、いかなる経験を通じて、成長したか。
すぐに、その答えの「逆説」に気がつかれるでしょう。
それは、決して、「相性の良い人」との出会いによってだけではなかった。

むしろ、「相性の悪い人」との出会いによってでは、なかったか。

なぜなら、その人との心の摩擦や葛藤を通じて、我々は、成長できた。
その摩擦や葛藤を通じて、心が鍛えられ、磨かれ、成長することができた。
そうではなかったか。

我々が成長できたのは、そうした人間関係の摩擦や葛藤があったから。
ときに、心が軋む瞬間、胃が痛くなる時、天を仰ぐ日があったから。
そうではなかったか。

もし、我々が、自らの成長の道を振り返るならば、その「逆説」に気がつく。
そして、その「逆説」に気がつくならば、一つの真実に、気がつく。

「相性の悪い人」との出会いもまた、「有り難い出会い」であった。

その真実に、気がつくでしょう。

古くから伝わる「一つの言葉」

そして、この日本という国には、そのことを教えてくれる、素晴らしい言葉がある。

「荒砥石(あらといし)」

若き日に、人との様々な出会いの中で、人間関係の摩擦と葛藤を体験する。

ときに、鬼と感じる上司と巡り会い、日々の厳しい指導を受ける。
あたかも砥石で砥がれるかと思うほどに、心が軋み、魂が鍛えられる。
しかし、少しずつ、エゴの殻が壊され、魂が磨かれていく。

ときに、馬が合わない同僚と巡り会い、いつも心と心がぶつかる日々を過ごす。
しかし、心と心がぶつかりながら、互いに成長していく。
少しずつ、互いの角が取れ、エゴが柔らかくなり、魂がしなやかになっていく。

人生には、そうした「荒砥石」とでも呼ぶべき体験があります。

しかし、何年かの歳月を経て振り返るとき、我々は、気がつく。

その体験が、どれほど、我々の心を深め、広げてくれたか。
その体験が、どれほど、我々の魂を鍛え、磨いてくれたか。
そのことに気がつくのです。

だから、この言葉は、素晴らしい言葉。

「荒砥石」

この言葉は、人生における大切な真実を、教えてくれる言葉。

良き人との出会いだけが、「有り難い出会い」ではない。
本当は、すべての出会いが、「有り難い出会い」である。

大切なことは、そのことに気がつくことなのでしょう。

そして、この日本という国には、さらに素晴らしい言葉がある。
この「荒砥石」という言葉よりも、さらに深みある言葉がある。

「観世音菩薩」

この言葉の意味は、何か。

人生において、誰かと巡り会う。
ときに、その人は、自分にとって「荒砥石」の体験を与えてくれる。
その人との心の葛藤と摩擦。
その人に与えられた心の苦しみや痛み。
そして、夜も眠れぬ日々。

しかし、長く人生を歩み、人間として成長したとき、気がつく。

「ああ、あの人は、観世音菩薩であったのだ。
自分という人間を成長させるために、天が遣わしてくれた観世音菩薩。
あの人は、その化身であったのだ」

人生には、そう思えるときがあります。

そして、それが人間というものの、素晴らしさ。

どれほどの苦しい体験も、自分の成長のための「荒砥石」であったのだ。
どれほどの苦しみを与えた人も、自分の成長を支える「観世音菩薩」であったのだ。

そう解釈できる。

その魂の力こそが、人間というものの、素晴らしさなのでしょう。

しかし、実は、若い頃、私は、この「荒砥石」という言葉が好きではなかった。
この言葉は、若い人間を鍛えるために使われる「方便」のように思えていた。
だから、好きではなかった。

そして、「観世音菩薩」という言葉も、あまり好きではなかった。
この言葉も、人間関係の軋みを和らげるための「方便」のように思えていた。
それが、好きではなかった。

この「荒砥石」と「観世音菩薩」。
若き日に、私は、どちらの言葉も、その深い意味が、分からなかった。

しかし、何十年かの歳月を歩み、いま、この言葉の素晴らしさが分かります。

それは、一人の未熟な人間が、成長の道を歩めたことの、ささやかな証なのでしょう。

廊下ですれ違うだけで分かる境涯

いま、振り返れば、私自身、その二つの体験を与えられた。

私自身、ささやかながら、人生において、「荒砥石」の体験が与えられました。
そして、人間関係において、「観世音菩薩」と呼ぶべき人との邂逅も得ました。

そうして、様々な苦労が与えられると、この歳を迎え、分かるようになる。
不思議なことに、分かるようになるのです。

その方が、どれほどの苦労をされ、歩んできたか。

そのことが、分かるようになる。

そのことが、たとえ、廊下をすれ違っただけでも、分かるようになるのです。

そして、さらに、二つの人物の違いが分かる。
人生の苦労を、心の成長と魂の成長へと結びつけてきた人物。
それは、その方の姿と風情から、分かる。
そして、人生の苦労が、心の荒廃に結びついてしまっている人物。
それも、その方の姿と風情から、分かるのです。
しかし、そのことは、決して「他人を評する」という意味ではない。
そうした意味で申し上げているのではないのです。
この言葉は、そのまま自分に戻ってくる言葉。
そのことの怖さも、分かっています。

なぜなら、私よりも、もっと深い人生の苦労をしてこられた方。

その方から見れば、私の境涯も、透けて見える。

私の姿と風情から、どのような苦労をしてきたかが、分かる。
その苦労が、どれほど心の成長へと結びついているかが、分かる。

それが、透けて見えるのでしょう。

しかし、それは、本当は、怖いことではない。

だから、素晴らしい。

だから、この人生は、素晴らしいと思うのです。

一人の人物が、どれほどの苦労を、人生において味わってきたか。

そして、その苦労を、どれほど自らの心と魂の成長へと結びつけてきたか。

その姿は、心ある方々からは、はっきりと見える。

そのことが、この人生の素晴らしさと思うのです。

仕事における「苦労や困難」とは何か

苦労や困難の持つ「深い意味」

マネジャーが身につけるべきは、「邂逅」の思想であると述べました。

人生における、人と人との「出会い」には、深い意味がある。

その思想であると述べました。
たとえ、それが「相性の良い人」との出会いでなくとも、深い意味がある。
それが「相性の悪い人」との出会いであっても、そこには、深い意味がある。
いや、たとえ「荒砥石」の体験を与える人との出会いであっても、深い意味がある。

そのことを述べました。

しかし、もし我々が、そのことを理解するならば、もう一つ理解すべきことがある。

仕事における「苦労」や「困難」とは、何か。

そのことです。

そして、この問いに対する答えは、「人との出会い」と、同じです。

仕事において直面する「苦労」や「困難」には、深い意味がある。

仕事において与えられる「困難」は、偶然のように見えて、一つとして偶然はない。
仕事において与えられる「苦労」や「困難」には、かならず、深い意味がある。

そして、この思想も、何かによって証明できるような思想ではありません。

ただ、そのことを信じるか、否か。

やはり、それだけです。

しかし、これも、それを信じるか、否かで、そのマネジャーの歩みが違ってくる。
まったく違ってきます。

仕事で直面する「苦労」や「困難」を、単なる偶然と思うマネジャー。
それは、無意識に、部下の「成長の機会」を奪ってしまう。
そして、部下の「働き甲斐」を奪ってしまう。

仕事で直面する「苦労」や「困難」に、深い意味を見出すマネジャー。
それは、部下に「成長の機会」を与えることができる。
そして、部下に「働き甲斐」を与えることができる。

なぜなら、それは、素晴らしい「成長の機会」だからです。

仕事における「苦労」や「困難」とは、素晴らしい「成長の機会」だからです。

そのことを教えてくれる、味わい深いエピソードがあります。

プロ野球大リーグで活躍した時代の、イチロー選手のエピソードです。

あるシーズン、彼は、ライバル球団のある投手に、何試合も抑え込まれていました。

そのことを、インタビュアーから聞かれました。

「イチローさん、彼は、あなたにとって、苦手のピッチャーですか」

その問いに対して、イチロー選手は、こう答えました。

「いえ、そうではありません。
彼は、私というバッターの可能性を引き出してくれる、素晴らしいピッチャーです。
だから、自分も修練をして、彼の可能性を引き出せるバッターになりたいですね」

このエピソードは、単なる野球論ではない。
素晴らしい人生論でしょう。

それは、人生における大切なことを教えてくれる。

我々の人生における「苦労」や「困難」とは、何か。
それは、できることならば避けて通りたい「不幸な出来事」ではない。
それは、我々の可能性を引き出してくれる「素晴らしい出来事」に他ならない。

このエピソードは、そのことを教えてくれるのです。

我々は、人生において、仕事において、様々な苦労や困難に直面します。
もとより、誰しも、そうした苦労や困難は、避けられるものならば、避けたい。
しかし、避けても、逃げても、苦労や困難は、来るときは、来る。
だから、我々は、その苦労や困難に向き合い、格闘し、悪戦苦闘する。
しかし、いつか気がつけば、我々は、その格闘を通じて、成長している。

一人の人間として、成長している。

それは、自分の中の可能性が開花している、ということでもあります。

イチロー選手の、このエピソードは、そのことを教えてくれるのです。

仲間の心が結びつくとき

しかし、それにもかかわらず、いま、世の中には、残念な誤解が溢れています。

仕事というものを、いかに苦労せずに成し遂げるか。

人生というものを、いかに困難を避けて歩むか。

そのことを良きことと考える価値観が、溢れているからです。

それは、書店に並べられている書籍のタイトルや雑誌の特集を見れば、よく分かります。

「いかに楽をして成功するか」
「いかに要領よく成功するか」
「いかに苦労せず成功するか」

そうしたメッセージが溢れています。
そして、そのメッセージの洪水の中で、我々は、いつのまにか見失ってしまいます。
仕事や人生における苦労や困難というものの「大切な意味」を見失ってしまうのです。

では、「大切な意味」とは、何か。

その意味は、三つあります。

第一は、苦労や困難があるからこそ、成長できる。
第二は、苦労や困難があるからこそ、喜びがある。
第三は、苦労や困難があるからこそ、結びつける。

では、これは、どういうことか。

第一の「成長できる」ということについては、すでに述べました。

では、第二の「喜びがある」とは、どういうことか。

それは、簡単な「想像実験」を行ってみれば分かることです。

「想像実験」とは、想像の中で、ある状況を実験的に体験してみるということです。

例えば、いま、我々の目の前にある仕事について、想像してみる。
もし、この仕事が、何の苦労もない仕事であったら、どういう心境になるか。
もし、この仕事が、何の困難もない仕事であったら、どういう心境になるか。
そのことを想像してみると、分かるでしょう。

答えは、明らかです。

何の喜びも感じられない。

その心境になるでしょう。
仕事がまったく面白くない。まったく喜びを感じられない。
そうした心境になるでしょう。

我々は、その逆説に気がつくべき。

仕事は、苦労や困難があるから、「働き甲斐」を感じることができる。
人生は、苦労や困難があるから、「生き甲斐」を感じることができる。

その大いなる逆説。

だから、世の中には、いつも困難に挑戦し続ける人々がいる。

例えば、「連続起業家」(Serial Entrepreneur) です。

起業家として一つの事業を起こす。
その事業が軌道に乗り、上場も達成し、起業家として成功する。
それにもかかわらず、その地位に安住せず、また、新たな起業に挑戦する。

これらの人々は、苦労や困難に挑戦することを、喜びとする人々です。
苦労や困難があるからこそ、働き甲斐を感じ、生き甲斐を感じる。
だから、また、新たな挑戦に向かう。
そういう人々です。

では、第三の「結びつける」とは、どういうことか。

苦労や困難を、共に体験するからこそ、心が結びつける。

その意味です。

これも、我々は、しばしば体験します。

例えば、新たに設立されたばかりの部署。

集まったメンバーは、まだ、互いに打ち解けておらず、心も結びついていない。

そこで、マネジャーは、色々と、飲み会や懇親会などを行ってみる。

しかし、メンバーは、表面的には仲良くなるが、深いところでの結びつきが生まれない。

そうしたとき、その職場のプロジェクトに、突然、大きなトラブルが発生する。

そこで、メンバー全員、力を合わせて、その解決に取り組む。

マネジャーを始め、プロジェクト・スタッフには、何日も深夜の残業が続く。

サポーティング・スタッフも、何か手伝えることはないかと、一生懸命に動く。

そして、何とか、全員の力で、そのトラブルを乗り越える。

そのとき、気がつく。

そのトラブルの中で、メンバーの気持ちが一つになったことに、気がつく。

その苦労や困難の中で、メンバーの心が、互いに深く結びついたことに、気がつく。


これも、苦労や困難というものの、「大切な意味」です。

だから、長く職場を共にし、一緒に多くの苦労や困難を乗り越えてきた仲間。

その仲間には、あたかも「戦友」のような感覚が芽生える。
いわゆる、「苦楽を共にした仲間」です。

だから、マネジャーは、理解しなければならない。
仕事における苦労や困難というものの、「大切な意味」を理解しなければならない。

「それがあるからこそ、成長できる」
「それがあるからこそ、喜びがある」
「それがあるからこそ、結びつける」

その「三つの意味」を、深く理解しておかなければならないのです。

そして、その意味を理解しないマネジャーは、知らぬところで、奪ってしまう。
部下の「成長の機会」を、部下の「働き甲斐」を、部下同士の「心の結びつき」を。
その大切なものを、奪ってしまうのです。

「困難」において最初に語るべき言葉

苦労や困難というものの「大切な意味」。
それを、私自身も、これまでの体験の中で、学ぶことができました。

かつて、ある企業で、新事業開発の部長を務めていたときのこと。
ある日、二人のマネジャーが、顔色を変えて部長室に飛び込んできました。
それは、多くの企業を集め、何億円もの予算をかけた国際プロジェクトの件。
それが、運悪く、米国の提携先企業で大きなトラブルが起こってしまった。
その結果、このプロジェクトすべてが吹き飛ぶほどの問題に直面したのです。
二人の説明を聞くと、事態は極めて深刻。
色々な方策を考えても、まったく解決策が見出せない。
まさに「途方に暮れる」といった状況でした。
その状況に、内心、事業の失敗の責任をどう取るべきかを考え始めたときです。
なぜか、突然、一つの思いが、心の中に湧き上がってきたのです。

「この事業に費やした、部下の人生の時間を、無駄にしたくない。
たとえ何が起ころうとも、空しい結果にはしたくない。
ただ、『運が悪かった。事業に失敗した。努力が水泡に帰した』
その結果にはしたくない。
だから、たとえ事業に失敗しようとも、摑み取ろう。
その悪戦苦闘の中で、かならず、成長だけは、摑み取ろう」

その思いが、心の中に湧き上がってきたのです。
そして、その瞬間、私は、その思いに突き動かされるように、語り始めました。

「おめでとう！
大変な正念場がやってきたな！　こんな正念場、滅多に体験できないぞ！
このプロジェクト、このままでは吹き飛ぶかもしれない。
しかし、どうなろうとも、最後の責任は、自分が取る。
ただ、君たちに、一つ、頼みがある。
この問題、最後の最後まで、解決のために、一緒に全力を尽くそう。

そして、この正念場での悪戦苦闘から、学べることを、学んでほしい。
君たちが、この正念場で大切なことを学んでくれるならば、悔いは無い。
これは、我々が成長できる絶好の機会だ！　成長しよう！」

私は部下に、そう語りました。
しかし、それは、自分自身に語っていた言葉でもあった。
それが、そのときの真実の思いだったのです。

そして、このときに摑んだ、大切な覚悟があります。
壁に突き当たったとき、いつも、その覚悟を思い出します。

人生において、「成功」は約束されていない。
しかし、人生において、「成長」は約束されている。

「究極の楽天性」とは何か

こうした体験を述べると、読者の中には、こう感じられる方がいるかもしれない。

「その通りだ。
マネジャーは、どのような場面でも、悲観的になってはならない。
そのトラブルの場面で、誰よりも、楽天的でなければならない」

その考えは、正しい。
多くのマネジャーが、賛同されるでしょう。
しかし、ここで、一つの根源的な問いが生まれる。

では、マネジャーにとっての「楽天性」とは、何か。

その問いです。

ここで、その答えを教えてくれる、一つのエピソードを紹介しましょう。

何年も前のことです。

ある中小企業の経営者とのご縁を得た。
この経営者は、若い頃、戦争で、生死の極限を体験してきた人物。
それゆえ、腹の据わった人物でした。
その経営者に招かれ、定期的にその企業の経営会議に同席していたときのことです。
ある日、その企業に、ある経営上の大問題が発生した。
横で聞いていても、極めて深刻な問題でした。
決断を間違えれば、その企業が吹き飛ぶほどの大問題。
いつもは猛者と見える経営幹部も、さすがに、誰もが、顔色が青ざめている。
その経営幹部からの状況報告が終わり、社長が決断を下す場面。
さて、この社長、意気消沈して社長の言葉を待つ経営幹部に対し、何と言ったか。
その腹の据わった言葉は、いまも、耳に残っています。

「みんな、大変なことが起こったな。

これは、一つ間違うと、会社が吹っ飛ぶぞ。
だから、この決断は、自分が下す。
だがな、その前に一つだけ言っておく。
何が起こっても、一つだけはっきりしていることがある。

命、取られるわけじゃ、ないだろう！」

幹部全員の腹の底に響くように語った、最後の言葉。
その響きが、いまも、耳に残っています。

そして、さすが、猛者の経営幹部たち。
その一言を聞いて、何かを摑んだ。
一瞬にして、場の空気が、力に満ち始めた。
そのことを、鮮明に覚えています。

そして、このエピソードに、すべてが凝縮している。

経営者やマネジャーの「楽天性」とは、何か。
その「究極の楽天性」とは、何か。

そのことが、このエピソードに凝縮されているのです。

たしかに、その通り。
この経営者の言う通り。

所詮、経営の世界。
マネジメントの世界。
命、取られるわけじゃない。

そのことに気がついたら、腹も据わる。
ぎりぎりの場面で、うろたえることもない。

ビジネスで修羅場に遭遇したら、見渡してみればよい。
いま、この地球上に生きる人々の姿を、見渡してみればよい。

いまも、世界の各地では、戦争やテロで、命を失っている人々がいる。
いまも、世界の各地では、飢餓や天災で、命を失っている人々がいる。
子供を失い、家族を失い、自分自身、命を失う危機の中にいる人々がいる。

そうした時代に、この日本という平和な国で、ビジネスをしている。
この豊かな国で、ビジネスをしている。

そのビジネスに、修羅場がやってきた。
それが、どれほどのものか、考えてみればよい。
本当は、修羅場と呼ぶことさえ憚られる話ではないのか。

そして、そのことを理解することが、「究極の楽天性」。
経営者やマネジャーが身につけるべき、「究極の楽天性」でしょう。

たしかに、経営の世界、マネジメントの世界。
様々な苦労や困難が、やってくる。
しかし、何が起ころうとも、決して、命、取られるわけではない。

そう腹を括れば、物事に対する覚悟が定まる。

事において、動じない。

その覚悟が、定まるでしょう。

マネジャーが身につけるべき「死生観」

では、どうすれば、その「覚悟」を身につけることができるのか。
そして、どうすれば、「究極の楽天性」を身につけることができるのか。

それは、決して容易ではない。

なぜなら、「究極の楽天性」を身につけるためには、一つのことが問われるからです。

「死生観」

すなわち、死をどう観ずるか。
生をどう観ずるか。
その「死生観」です。

そして、この「死生観」を定めることが、難しい。

だから、昔から、経営の世界では、あの格言が語られるのでしょう。

「経営者として大成するには、三つの体験の、いずれかを持たねばならぬ。
戦争か、大病か、投獄か。
その三つの体験の、いずれかを持たねばならぬ」

この格言は、戦後の時代に語られたもの。
それゆえ、この三つの体験とは、いずれも、「生死」の体験です。

「戦争」とは、戦地に赴き、生死を体験すること。
「大病」とは、結核などの病を得て、生死を体験すること。
当時、結核とは「死に至る病」だったからです。
そして、「投獄」もまた、生死の体験。
戦前の特高警察などに、思想犯として捕まると、拷問で殺されることがあった。
そうした時代の格言です。

すなわち、この格言は、何を言っているか。

経営者として大成するには、「生死の体験」を持たねばならぬ。
生死の体験から摑んだ、深い「死生観」を持たねばならぬ。

そのことを言っているのです。

では、現代の経営者とマネジャーは、どうすればよいのか。
「戦争」も「大病」も「投獄」も、あまり経験することのない現代。
どうすれば、「生死の体験」を持ち、「死生観」を身につけることができるのか。

一つの素朴な事実に気がつくことです。

我々は、仕事や人生において一生懸命になるとき、一つの言葉を使います。

「必死」

例えば、「必死になって、働いた」「必死になって、生きてきた」という言葉。
それは、多くの場合、一つのことを言いたいときです。
「必死になり、退路を断ったとき、想像を超える力が湧いた」
そのことを言いたいときです。

しかし、この「必死」という言葉は、不思議な言葉。

じっと、その言葉を見つめていただきたい。

「必死」と書いて、何と読むか。

「必ず死ぬ」と読む。

そうであるならば、一つの真実に気がつくべき。

我々は、誰もが、常に「必死」。

誰もが、必ず死ぬ。

早いか、遅いかの違いがあるだけで、誰もが、「必死」の人生を生きている。
そして、我々は、いつ死ぬか分からない。
誰もが、「明日をも知れぬ」人生を生きている。

そうであるならば、気がつくべき。

我々の日常こそが、すでに「生死の体験」。
そのことに気がつけば、摑めるはずです。

「死生観」

深い「死生観」を摑めるはずなのです。

いかにして「部下の成長」を支えるか

「成長」を支えるための絶対条件

経営者やマネジャーは、部下や社員の「成長」を支えなければならない。

そう述べてきました。

そして、そのために、経営者やマネジャーに何が求められるかを、述べてきました。

経営者やマネジャーは、深い「人間観」を持たねばならない。

そして、人間との出会いに大切な意味を見出す「邂逅」の思想を持たねばならない。

さらに、苦労や困難や逆境に肯定的な意味を見出す「逆境観」を持たねばならない。
そして、その根底に、深い「死生観」を持たねばならない。

そう述べてきました。

しかし、その上で、経営者やマネジャーが、決して忘れてはならないことがある。
我々が、部下の成長を支えたいのであれば、決して忘れてはならないことがある。
それは、何か。

自分が「成長」すること。

そのことです。

そのことを抜きにして、部下や社員の成長を支えることはできない。

それは、なぜか。

人を「成長させる」ことはできないからです。

「成長」という言葉は、自動詞なのです。

自発的に本人が「成長したい」と思わないかぎり、成長することはない。

それは、他動詞ではない。

誰かが、誰かを「成長させる」ことはできないのです。

だから、私は、「成長を支える」という言葉を使うのです。

「成長させる」という言葉を使わないのです。

では、どうすれば、部下や社員が「成長したい」と思うのか。

そこにも誤解がある。

例えば、朝礼などで、部下や社員に対して訓示をする経営者やマネジャーがいる。
そのとき、部下や社員に対して、「成長しなさい」という指導をする。
しかし、人間は、指導によって「成長したい」と思うことはない。

もちろん、経営者やマネジャーが、その指導をすれば、部下や社員は、それに従う。
「上司」が、その指導をすれば、「部下」は、表面的には、それに従う。
言葉では、「成長したい」と語り、「成長を求めている」というポーズを取る。
しかし、そのことと、部下や社員の心の奥深くとは、別の世界。
部下や社員が、心の奥深くに、本当の「成長意欲」を抱いているとはかぎらない。
ときに、人間のエゴは、「成長意欲」さえ、擬態として演じるときがある。

では、「指導」によって、「成長したい」と思うのでなければ、何によってか。
部下や社員が、「成長したい」との意欲を持つのは、何によってか。
それは、古くから、ただ一つのことなのです。

「後姿」

経営者やマネジャーの「後姿」から、部下や社員は、大切なことを学ぶ。
それは、朝礼においても、そうです。
部下や社員は、朝礼における経営者やマネジャーの「言葉」は聞いていない。
部下や社員は、その経営者やマネジャーの「後姿」を見ている。

そして、もし、その「後姿」が、喜びを伝えてくるならば、部下や社員は、変わる。
その「後姿」が、「人間として成長することの喜び」を伝えてくるならば、変わる。
気がつけば、自然に、部下や社員もまた、「成長したい」との願いを心に抱いている。

それは、古くから、ただ一つの真実なのです。

部下は、自分の上司の「後姿」から、最も大切なことを学ぶ。
子供は、自分の両親の「後姿」から、最も大切なことを学ぶ。

それは、昔から変わらぬ真実なのです。

そして、「人間成長」とは、遥か遠く、高く聳え立つ山の頂。

その高き山の頂に向かって登り続ける、上司の「後姿」。

その姿を見るとき、部下は、言葉を超えて、深く学ぶ。

なぜ、人は、遥か遠く、高く聳え立つ山の頂をめざすのか。
なぜ、人は、その山の頂に向かって、困難な道を歩み続けるのか。
なぜ、人は、その困難な道を歩み続けるとき、深い喜びを得るのか。

部下や社員は、経営者やマネジャーの「後姿」から、そのことを学ぶのです。
そして、気がつけば、自分自身も、その山の頂めざして歩み始めているのです。

部下の「成長の限界」を定めるもの

しかし、このことは、恐ろしいことも、意味しています。

上司の「成長の限界」が、部下の「成長の限界」となる。

すなわち、もし、上司が見つめている山が「低き山」であったならば、何が起こるか。
もし、上司が「低き山」に登っただけで、満足してしまったならば、何が起こるか。
部下は、それ以上の「高き山」に登れない。

だから、経営者やマネジャーの責任は、重いのです。
自分の「器の大きさ」が、部下や社員の「器の大きさ」を定めてしまう。

例えば、しばしば目につくのが、居酒屋の片隅での人生談義。
居酒屋の片隅で、上司が若い部下に対して、人生論を語る。

まだ、実社会に出てまもない、無垢と呼ぶべき若い部下。
素直に、その上司の話を聞いている。
しかし、その上司の語っていることは、自分の小さな器の人生観。
けれども、自分は高き山に登ったと思い込み、その部下に、上から説教をしている。
こうした上司の下で、その部下は成長できない。

しかし、一方、自ら山を登り続けることによって、部下を高めていく上司もいます。

昔の職場に、尊敬する上司がいました。
その上司が、あるとき、二人だけの夕食に誘ってくれた。
楽しい食事の後、コーヒーを飲みながら、仕事の話になった。
すると、その上司が、ふと、内省的な雰囲気で語り始めました。
その言葉が、いまも、心に残っています。

「毎日、会社で色々な問題にぶつかって、苦労するよ。
そのときは、会社の方針に原因があると思ったりもする。

周りの誰かに責任があると思って、腹を立てたりもする。
けれど、家に帰って一人で静かに考えていると、いつも、一つの結論にたどり着く。

すべては、自分に原因がある。

「そのことに気がつくのだね」

心に残る言葉でした。
そして、それ以上に、この上司の「後姿」から、大切なことを学びました。

「引き受け」

すべてを、自分自身の問題として「引き受ける」こと。
そのとき、我々は、一人の人間として、大きく成長できる。

その大切なことを学びました。

また、その昔の職場に、やはり尊敬する別の上司もいました。
この上司は、仕事はできる。人望はある。
その職場の中心となって活躍していました。
それが、突然、別の部署に転属した。
新事業への挑戦を求め、自ら転属を希望して移っていった。

しばらくして、その上司と会ったとき、新しい職場での経験を語ってくれた。
その言葉も、心に残っています。

「この歳になって、まったく新しい職場での仕事。
やはり、大変だよ。疲れるな。
だけど、俺達は、こうして自分を磨いていくんだろうな」

この上司の「後姿」も、大切なことを教えてくれました。

歳を重ねても、自分を磨き続けること。

そのことの大切さを教えてくれました。

だから、申し上げたいのです。

部下の成長を支えたいと思うならば、まず、マネジャーが成長すること。

成長すること。
成長し続けること。
成長したいと願い続けること。

そのことが、最も大切なことなのでしょう。

しかし、ここで誤解をしないでいただきたい。
この話を聞かれて、こう思われる方がいるかもしれない。
「自分は、そんなに立派なマネジャーではない」
しかし、部下の成長を支えるために、我々が、「立派な人物」である必要はない。

もし、それを条件とするならば、私自身を含めて、多くのマネジャーが道半ばなのです。

我々は、誰もが、未熟な自分を抱え、人間としての成長の道を歩んでいる。

だから、部下の成長を支えるための条件は、「立派な人物」であることではない。

問われているのは、ただ一つ。


「成長への意欲」

それだけなのです。


「自分の未熟さは、誰よりも、自分が知っている。

それは、仕方がない。

けれど、自分は未熟だが、一日一日、少しでも成長していきたい。

成長を求めて、歩み続けていきたい」


我々の心の中に、その深い願いがあるか。

そのことが問われているのです。

そして、我々マネジャーが、その願いを深く持つならば、かならず生まれてくる。

「成長の場」

そう呼ぶべきものが、職場に、自然に生まれてくる。

職場の仲間が互いに支えあい、互いに成長していこうという、空気や雰囲気。

その空気や雰囲気に包まれた場が、生まれてくるのです。

そして、その「成長の場」が生まれたとき、黙っていても、歩み始める。

部下や社員は、自らの意志で、自らの成長の道を歩み始めるのです。

「リーダー」という言葉の真の意味

そして、この「部下の成長を支える」というマネジメントの役割。
その役割を深く理解するならば、一つの言葉の意味が見えてきます。

マネジメントの世界で、しばしば使われる一つの言葉です。

「リーダー」

この言葉は、経営とマネジメントの教科書には、かならず出てくる。
そして、多くの場合、この言葉は、「指導者」と訳される。
「多くの人々を指導し、人々が集まる組織を統率していく人物」の意味です。

しかし、この日本という国において、この言葉の意味は、欧米とは違う。
この「リーダー」という言葉の本当の意味は、違います。

それは、「組織を率いる人間」のことではない。

それは、「山を登り続ける人間」のことです。
それは、「人間成長という山の頂に向かって登り続ける人間」のことです。

誰かを指導しようと思うわけでもない。
組織を統率しようと思うわけでもない。

ただ、一人の人間として、「人間成長」という山の頂に向かって登り続ける。

それが、本当の「リーダー」の定義です。

そして、その人物の周りに多くの人々が集まってくるのは、結果に過ぎない。
人々が集まってくることを求めて、山に登っているわけではない。
自分に与えられた道を、精一杯に登っていく。
力の限り登っていく。
すると、気がつけば、なぜか、同じ山道を一緒に登る人々がいる。

その方々とのご縁を大切に、ときに、励まし合いながら、山道を登り続ける。
ただ、誰よりも深く、その山道を登り続けていきたいという願いを持っている。
それが、結果として「リーダー」と呼ばれるときもある。
しかし、「リーダー」と呼ばれるために、山に登っているわけではない。

この日本という国には、そうした逆説的な「リーダー観」がある。
深みある「リーダー観」がある。

日本における「同行」の思想

そのことを教えてくれる素晴らしい言葉が、やはり、この日本という国にはあります。

「同行」

浄土真宗では、これを「どうぎょう」と読む。
禅宗では、これを「どうあん」と読む。

どちらにしても、この言葉は、素晴らしい言葉。

縁あって、同じ道を行く人々。

どちらが上だ、どちらが下だということはない。
どちらが指導者で、どちらが追従者ということはない。

たしかに、この職場においては、何かの縁で、上司の役割、部下の役割を務める。
しかし、根本においては、いずれ「山道を登り続ける」一人の人間同士。

マネジメントの道を歩んでいると、この「同行」という言葉が、胸に響きます。

何かの縁で、自分が上司を務めさせていただいている。
何かの縁で、この方々が部下の立場を務められている。

しかし、いずれ、深い縁あって、この職場で巡り会った。

そして、お互いのかけがえのない人生の時間を、共にしている。
人生の一つの時期を、共に歩んでいる。

しかし、いずれ、また、道は分かれる。
そして、共に歩んでいるときも、もとより、自分の力で登っている。
誰かが、自分の荷物を担いでくれるわけではない。

けれども、心の奥深くで、その出会いに感謝している。
共に歩むその時期に、互いに切磋琢磨して成長したいと願っている。

その思いを、誰よりも深く抱いている人間。

それが、本当の意味での「リーダー」なのでしょう。

いかなる「言葉」を部下に語るべきか

「自分にとっての真実」を語る

なぜ、我々は、マネジメントの道を歩むのか。

そのことをテーマとして、ここまで、私のマネジメント論を語ってきました。
四〇年近い歩みの中で辿り着いた、マネジメントの思想を語ってきました。

これを読まれて、共感をしていただく方がいるかもしれない。
疑問を感じられる方がいるかもしれない。

しかし、こうした本においては、何よりも「私にとっての真実」を語るべきでしょう。
読者の方々にとって、こうした本を読む時間も、かけがえのない人生の時間。
そうした時間を預かりながら、腹の据わらないことを語っても仕方がない。

例えば、どれほどバランスよく、様々なマネジメント論を語っても意味がない。
アメリカの最新の経営書には、こんなことが書いてあると語っても意味がない。

なぜなら、それでは、「言霊」が生まれないからです。

「言霊」とは、魂の宿った言葉。
語る人間の魂が宿った、力に満ちた言葉。

では、我々が「言霊」を語るとき、何が起こるか。

言葉を超えて、大切な何かが伝わる。
言葉では表しえない、大切な何かが伝わる。

では、いかにすれば「言霊」が生まれるか。

自分の語ることを、深く信じていること。

そのとき、「言霊」が生まれる。

しかし、「深く信じている」とは、観念的な意味ではない。
多くの本を読み、その中で、最も正しいと思ったものを語るという意味ではない。
膨大な知識を学び、論理で考え、正しいと思ったものを語るという意味ではない。

問われるものは、「体験」。

自身の、ぎりぎりの「体験」の中で摑んだこと。
現実との悪戦苦闘の中で摑んだこと。

それが「深く信じている」という言葉の、本当の意味。

だから申し上げた。

「私にとっての真実」

それは、「私が、自身の人生の体験を通じて摑んだ真実」という意味。

そして、これは、著者と読者の関係だけを、語っているのではない。

マネジャーと部下の関係こそ、まさに、その世界。

マネジャーは、部下に対して、いかなる言葉を語るべきか。

部下の「成長」が懸かっている一瞬。

部下の「人生」が懸かっている一瞬。

マネジャーは、部下に対して、いかなる言葉を語るべきか。

その、ぎりぎりの瞬間には、マネジャーは、腹を据えて語らなければならない。
「自分にとっての真実」を、語らなければならない。
自分が、その人生の体験の中で摑んだ真実を、語らなければならない。
それが、絶対に正しいという保証はない。
自分の思い込みを語っているだけかもしれない。
しかし、マネジャーは、自分の何かを賭して、部下に語らなければならない。
腹を据えて、語らなければならない。

なぜか。

部下は、上司の「覚悟」を見ているからです。

ぎりぎりの瞬間には、部下は、表面的な言葉や論理など、聞いていない。

上司が、いかなる「覚悟」を持っているか。
それを見ている。

そして、本当のプロフェッショナルが育つためには、その一瞬が不可欠。
上司が、一人のプロフェッショナルとして、深い「覚悟」を持って語る。
その一瞬が不可欠。

その人生観を。
その人間観を。
その仕事観を。
そのプロフェッショナル観を。
上司は、深い「覚悟」を持って語らなければならない。

なぜか。

そのとき、部下が育つからです。

部下は、上司の価値観との真剣勝負を通じて、自らを鍛えていく。
一人のプロフェッショナルとしての自身の価値観を、鍛えていく。

それが、「切磋琢磨」という言葉の、本当の意味でしょう。

もとより、このことは、押し付けるということを言っているのではない。
上司の価値観を部下に押し付けるということを、言っているのではない。

もし、押し付けても、部下は、別な価値観を持って生きていく。
それで良い。

しかし、ぎりぎりの場面で上司が処すべきは、価値観の真剣勝負。

いずれ、部下も、自分の価値観を持って、その部下に処する時が来る。

そのとき、上司の価値観と自分の価値観を戦わせたことがなければ、脆い。
そうした真剣勝負で、自身の価値観を鍛えたことのないマネジャーは、脆い。

もとより、プロフェッショナルの世界は、「師弟の世界」。
そこでの「師弟の関係」は、まさに真剣勝負。

弟子は、若き日に、師匠の聳え立つような力量と格闘をする。
その力量に圧倒され、自分の個性を見失い、師匠の猿真似をしたら、それで終わり。
ミニチュアのような弟子が生まれて、それで終わり。

しかし、師匠の圧倒的な個性と格闘し、その格闘の中から自分の個性を磨き出していく。
そうした修行を続ける弟子だけが、いつか、師匠を越えていく。

それは、ビジネスの世界でも、共通の理。
プロフェッショナルの世界であるかぎり、共通の理なのです。

経営とは「命懸け」のもの

何が申し上げたいか。

マネジメントにおいては、ぎりぎりの瞬間に問われるものがある。

「腹を据える」

マネジメントにおいては、腹を据えなければ、決して伝わらないものがある。
特に、それが、部下の人生や、部下の成長に関わる場面では、そうです。
腹を据えて語らなければ、決して伝わらない。

なぜなら、マネジャーとは、部下の人生を預かっている人間。
その人間が、腹を据えて語ることがなければ、部下は、決して耳を傾けない。

では、「腹を据えて語る」とは、何か。

誤解を恐れずに述べましょう。

「命懸け」で語るということ。

しかし、それは決して、物騒なことを申し上げているのではない。

マネジメントとは、部下や社員の人生を預かっている立場。

もしそうであるならば、文字通りの世界。

マネジメントには、部下の人生が懸かっている。

マネジメントには、部下の命が懸かっている。

そうであるならば、「命懸け」のはず。

かつて、ある企業の経営者が、年に一度の社員大会で話をする場面に同席しました。
その経営者は、数千人の社員が集まっている場で、最後の挨拶をした。
演壇に上がって話を始める。
その言葉は、昨年に比べて、各地域の支部が、どれほど前進したか。
各支部の社員一人ひとりが、どれほど成長したか。
そのことを、熱を込め、誉めていました。

そのとき、不思議なことに気がついた。
その経営者の挨拶は、その言葉の表面的な意味だけなら、特別なものではない。
それほど大したことは語っていない。
各支部が前進している。
各支部の社員が成長している。
そのことを、繰り返し述べているだけです。
しかし、会場は、その経営者の話に深く共鳴し、熱い空気が満ちていく。

そのとき、気がつきました。

その経営者が語っているものは、単なる「言葉」ではない。
この経営者は、魂を込め、「言霊」を語っている。
そのことに、気がつきました。

だから、数千人の社員の魂が共鳴する。
会場に熱い空気が満ちてくる。

そして、後日、二人だけの会食の席で、この経営者の話を伺う機会があった。

そのとき、この経営者は、部下や社員を誉めるときの心得を語った。
その言葉が、鮮明に心に残っています。

「社員を誉めるのも、命懸けですよ！」

その通り。

この経営者も、気がついている。
経営者は、社員の人生を預かっている。
社員の命を預かっている。
だから、命懸けで語るべきだと。

そのことを覚悟されているのです。
だから、語る言葉に魂が宿る。
そして、その言葉が「言霊」となる。
だから、多くの社員の心に響くのでしょう。

人生を賭して何を証すか

しかし、この「命懸け」という言葉には、さらに大切な、もう一つの意味がある。

それは、「部下の命が懸かっている」という意味だけではない。

それは、「自分の命を懸けている」という意味です。

これは、いかなる意味か。

一つの問いを、自らに問うとき、その意味が分かります。

自分は、この人生を賭して、何を証したいのか。

我々は、この人生を、ただ生きるために、生きているわけではない。
誰もが、その人生を通して、自分の価値と信じるものを証すために生きている。
例えば、家族を大切にする人は、家族という価値を信じて生きている。
例えば、富を築こうとする人は、富という価値を信じて生きている。

では、あなたは、何を価値と信じて生きているか。

この問いに対して、ふと気がつくときがある。
自分は、自分自身が価値と信じるものを、まだ見出していない。
だから、マスコミなどで流される社会的通念を、価値と思い込んで生きている。
例えば、競争での勝利。
例えば、経済的な成功。
例えば、社会での名声。
では、それは、あなたが、本当に価値と思っているものなのか。

しかし、もし、我々が、社会的通念の呪縛から離れるならば、別な世界が見えてくる。
もし、我々が、素直に自分の心を見つめるならば、そこには、別な価値がある。
自分の心が、真に大切にしている価値が、見えてくる。

そして、その価値を見出すとき、我々は、本当の強さを身につける。
社会的通念としての価値に流されず、自分自身が信じる価値のために、生きる。

その強さを備えた生き方に向かっていく。

例えば、私のマネジメント論。
おそらく、それは、世の中のマネジメント論から見れば、異端かもしれない。
しかし、それは、まぎれもなく、「私にとっての真実」。
四〇年近く、マネジメントの道で悪戦苦闘し、自分自身の心の中に見出した価値。

だから、このマネジメント論を、証してみたい。
一人の未熟な経営者が、マネジャーが、一つの道を歩み終わったとき、証してみたい。
このマネジメント論が、間違ってはいなかったということを、証してみたい。

それは、やはり「命懸け」。
自分の人生を賭して、自分の命を懸けて、証してみたい価値。

人と人との出会いには、かならず深い意味がある。
人生における苦労や困難には、大切な意味がある。

人は、遥か遠い、聳え立つ山の頂に向かって歩んでいく存在。
そうしたことの価値を、証してみたい。
そして、その願いの奥底には、静かな覚悟がある。

もし、それが、
この人生の真実でなければ、
この人生、生きるに値しない。

その覚悟が、ある。
そして、それが、「命懸け」ということの、本当の意味ではないのか。

そして、一人の人間が「命懸け」になれる道だからこそ、素晴らしい。

マネジメントの道は、素晴らしい道だと思うのです。

マネジャーが巡り会う「奇跡」とは何か

「人間としての成長」を求めて

いよいよ、この話も最後となりました。

最後に、もう一度、伺いたい。

あなたは、なぜ、マネジメントの道を歩むのか。

あなたは、なぜ、その重荷を背負って歩むのか。

それは、文字通り、重荷ではないか。

部下や社員の人生を預かる。
それだけでも、重い責任。
それも、決して美しい話ばかりではない。

ときに、なかなか心が通わない部下と巡り会うときもある。
ときに、その成長を信じられない部下を預かるときもある。
ときに、人生観のまったく違う部下と共に歩むときもある。

それだけではない。
その部下を預かりながら、上司に仕えなければならない。
その部下を預かりながら、顧客に仕えなければならない。
その上司も、顧客も、理解ある人物ばかりとはかぎらない。

そうした現実の前で、我々は、ときに、溜息をつく。
その現実との悪戦苦闘の中で、ときに、天を仰ぐ。

それでも、なぜ、我々は、マネジメントの道を歩むのか。

それが、ただ、給料のためと思うならば、寂しい。
それが、ただ、出世のためと思うならば、虚しい。

だから、我々は、意味を求める。

なぜ、我々は、マネジメントの道を歩むのか。

その意味を、深く求めるのでしょう。

そして、本書では、その一つの答えを述べました。
私が、私自身の拙い歩みの中で辿り着いた、一つの答えを述べました。

人間としての「成長」を求めて。

それが、私が辿り着いた、私なりの答えでした。
一人の未熟なマネジャーが、拙い歩みの中で、辿り着いた答えでした。

そして、その「成長」ということの意味を、本書では、様々な視点から述べました。
成長とは何か。
人間とは何か。
邂逅とは何か。
逆境とは何か。
そうした視点から、述べました。

「人間との邂逅」を求めて

しかし、本書の最後に、述べておきたいことがあります。
さらに深い視点から、最も大切なことを、述べておきたいのです。

なぜ、我々は、マネジメントの道を歩むのか。
この問いには、もう一つの答えがあるのです。

人間との「邂逅」を求めて。

それが、もう一つの答えです。
ここで、「邂逅」とは、「巡り会い」のこと。
一人の人間と、一人の人間が、深い縁あって巡り会う。
それが、「邂逅」です。
そして、マネジメントの道を歩むことによって、我々は、その「邂逅」を得る。
人間と「巡り会う」。

それが、マネジメントの道を歩むことの、素晴らしさなのでしょう。


もとより、マネジメントの立場に立たなくとも、人と人とは、毎日のように「出会う」。

毎日、我々は、多くの人々と「出会い」、言葉を交わし、共に時間を過ごす。

しかし、そこには、悲しい事実がある。


我々は、「出会う」ことがあっても、「巡り会う」ことがない。


「巡り会う」ことなく、別れていく。

せっかく「出会い」が与えられても、心が触れ合い、通い合うことなく、別れていく。

いや、心がぶつかり合うことさえなく、別れていく。


例えば、職場を同じくする仲間。

もう一〇年、隣の席で仕事をしている。

いつも、楽しく会話を交わしている。

しかし、無数の言葉は交わしてきたが、一度たりとも、心が触れ合ったことがない。

そうした出会いは、決して珍しくない。

けれども、マネジメントの道を歩み始めるとき、我々の目に映る「風景」が変わる。

なぜなら、マネジャーとは、部下の「人生」を預かる立場。
マネジャーとは、部下の「成長」に責任を持つ立場。
そして、仕事の「結果」に責任を持つ立場。
ただ、表面的に、明るく、楽しく、円滑な人間関係を作ればよいわけではない。

ときに、部下に対して、厳しいことを言わなければならない。
ときに、部下からの苦情や不満に耳を傾けなければならない。
そして、何よりも、常に、部下の心を深く理解しようと努めなければならない。

そのとき、マネジャーの目に映る「職場の風景」が変わる。

そして、そのとき、「邂逅」が生まれる。

人間の出会いが生み出す「最高のアート」

では、「邂逅」が生まれるとき、それは、どのようにして分かるのか。

「深い縁」を感じる。

目の前の部下との出会いに「深い縁」を感じる。
そのとき、そのマネジャーと部下の間に、「邂逅」が生まれている。
そのとき、二人の「出会い」が、「巡り会い」へと深まっている。

それは、決して、良い関係のときだけではない。
部下との間に、心の触れ合いや、深い交流があったときだけではない。
部下と心が通わない。
部下の可能性を信じられない。
部下と互いに理解し合えない。

そうした葛藤が心に生まれているとき、なぜか、気がつく。
帰りの最終電車。その孤独の中で、ふと気がつく。
自宅に向かう夜の道。歩きながら、ふと気がつく。

これは「深い縁」なのだ。

そのことに気がつく。
なぜ、この部下に、これほど長く、自分の人生の時間を使うのか。
なぜ、この部下に、これほど深く、自分の心のエネルギーを使うのか。

それは「深い縁」なのだ。

そのことに気がつく。

そして、そのことに気がついたとき、我々は、素晴らしい扉の前に立っている。

「奇跡の一瞬」

そう書かれた、扉の前に立っている。

そうではないか。

いま、この瞬間、この地球上に、八〇億の人々が生きている。
そして、その誰もが、この地球上に生を享け、その一瞬の生を駆け抜けていく。
夢を描き、希望を抱き、願いを持ち、精一杯に、この一瞬の生を駆け抜けていく。

しかし、我々は、巡り会うことがない。
同じ時代に、同じ地球上に生を享けながら、我々は、巡り会うことがない。
いや、同じ日本に生まれ、同じ地域に住み、同じ会社で働いても、巡り会うことがない。

その一瞬の生と、一瞬の生が、交わることさえない。
八〇億の人々の中で、この一瞬の人生において巡り会える人は、ごく一握り。
それが、我々の人生の真実ではないか。
そうであるならば、その部下との出会い。

それは、「奇跡の一瞬」。

一瞬の生と一瞬の生が、互いに交わった「奇跡の一瞬」。
八〇億の人々の中で、互いに巡り会った「奇跡の一瞬」。
そして、そのことに気がついたとき、我々マネジャーは、素晴らしい扉を開く。

そして、心に思い定める。

この「奇跡の一瞬」を、「最高の一瞬」にしよう。

そう思い定める。

深い縁あって、巡り会った、この部下。
そして、深い縁あって、集まった、この職場の仲間。
この仲間と、大きな夢を描こう。
そして、素晴らしい仕事を成し遂げよう。
この仲間と、互いに、成長していこう。
そして、「最高の一瞬」を残そう。

しかし、それは、いずれ消えていく一瞬。
どれほど大きな夢を描き、どれほど素晴らしい仕事を成し遂げても、それは一瞬。
いつか、それは、記憶の彼方に消えていく。

けれど、決して消えぬものが、ある。

一人の人間が、この地上に生を享けたこと。
その人間が、与えられた一瞬の生を、精一杯に生きたこと。

そうした人間が、深い縁あって集まり、共に歩んだこと。
大きな夢を描き、素晴らしい仕事を成し遂げたいと願い、共に働いたこと。

互いの心が触れ合い、励まし合い、力を合わせて歩んだこと。
互いに心を通わせたいと願い、けれども、心が通わずに苦しんだこと。

何度もぶつかりながら、少しずつ、互いを理解できるようになっていったこと。
そして、いつか、互いの心の葛藤も、懐かしく思い起こせるようになったこと。

その事実は、永遠。

その事実は、決して消えることのない永遠の真実なのです。

そして、それは、マネジャーが残す「最高の作品」。

人間が出会い、巡り会い、互いの一瞬の生を、精一杯に生きようと、歩んだ。
一瞬の生と一瞬の生の深い交わりの中で、互いに成長しようと、支えあった。
それは、いかなる仕事、いかなる事業よりも素晴らしい「最高の作品」なのです。

そして、もし、それが「作品」であるならば、それは「一瞬のアート」。
我々の「一瞬の生」が重なり合い、交わり合って生まれる「一瞬のアート」。
それは、あたかも、夏の夜空の花火のごとく、一瞬にして消えていく。
しかし、それは、一瞬にして消えていくからこそ、素晴らしい輝きを見せる。
だから、それは、マネジャーが残し得る、「最高のアート」なのです。
人間の出会いが生み出す「最高のアート」なのです。

謝辞

最初に、ＰＨＰエディターズ・グループの元編集長、

石井高弘さんに感謝します。

すべての文章を一行に収めるという、

この実験的で独特の語りのスタイルの本書は、

二〇〇七年に、石井さんとのご縁から生まれました。

また、一四年の歳月を越え、本書の新版化にご尽力頂いた、

ＰＨＰ研究所の中村悠志さんに感謝します。

そして、仕事のパートナー、

藤沢久美さんに感謝します。

藤沢さんの透明な感性から生まれる一言のアドバイス。

それは、ときに、著者の心を映し出す鏡となります。

その曇りなき鏡が、この作品を支えてくれました。

また、いつも温かく執筆を見守り、
仕事を支えてくれる家族、
須美子、誓野、友に感謝します。
この富士の森の中、早朝の散策のとき、
鹿の親子が、木々の間を駆け抜けていきました。
鹿たちが去った後、彼方から吹いてくる風の音。
その静けさが、心に残っています。

最後に、すでに他界した父母に、本書を捧げます。
人には、生涯、問い続けるべき問いがある。
そして、生涯を賭して証すべきものがある。
お二人の後姿から、
そのことを、教えて頂きました。

二〇二一年一二月一九日

田坂広志

さらに学びを深めたい読者のために
― 自著による読書案内 ―

本書で語った「なぜ、我々はマネジメントの道を歩むのか」というテーマを、さらに深く学びたいと思われる読者には、自著ながら、次の一〇冊の本を読まれることを勧めたい。

『仕事の思想』（ＰＨＰ研究所）

我々が、マネジメントの道を歩むとき求められるのは、人生を預かる部下や社員から、「仕事の報酬とは何か」「仕事の働き甲斐とは何か」「職業人としての能力とは何か」「人間としての成長とは何か」「職場とは何か」「顧客とは何か」などの深い問いを投げかけられたとき、信念を持って答えることのできる明確な「仕事の思想」である。

この著書は、毎年、多くの企業で新入社員の研修に用いられることもあり、一九九九年の発刊以来、二二年を超えて読み継がれている本であるが、これらの深い問いから「一〇の問い」を掲げ、著者の体験やエピソードを交え、「仕事の思想」を語った本である。

『なぜ、働くのか』（ＰＨＰ研究所）

この著書は、「なぜ、我々は働くのか」という深い問いに対して、「死生観」「世界観」「歴史観」という三つの原点から答えた本である。

特に、マネジメントの道を歩む人間は、部下や社員の「かけがえの無い人生」を預かるという立場であり、「深い死生観」を身につけていなければ、そのマネジメントは、必ず、操作主義や利益至上主義などの「浅薄な思想」に流されてしまう。

真剣勝負の講話のスタイルで語るこの著書は、確固とした「死生観」を身につけたい読者には、読むことを勧めたい。

『仕事の報酬とは何か』（ＰＨＰ研究所）

「仕事の思想」の一つの中核が、「仕事の報酬とは何か」という「報酬観」であるが、従来の「報酬観」は、「給料や収入」「役職や地位」という「目に見える二つの報酬」を中心に語られていた。

しかし、実は、仕事の報酬には、それ以外に、「仕事の働き甲斐」「職業人としての能力」「人間としての成長」という「目に見えない三つの報酬」がある。

そして、仕事においては、この「目に見えない三つの報酬」を主体的に求めたとき、結果として、「目に見える二つの報酬」が与えられるのであり、そのことを理解したとき、我々は、真のプロフェッショナルへの道を歩み始める。

『人生の成功とは何か』(PHP研究所)

「仕事の思想」のもう一つの中核は、「人生の成功とは何か」という「成功観」である。

いま、世の中に溢れているのは、様々な競争で勝者となることを人生の成功と考える「勝者の思想」であるが、この思想には「三つの限界」がある。その限界が見えてきたとき、この「勝者の思想」は、掲げた目標を達成することを人生の成功と考える「達成の思想」へと成熟していく。しかし、この思想にも、また「三つの限界」がある。それゆえ、その限界が見えてきたとき、この「達成の思想」は、さらに、人間として成長することを人生の価値と考える「成長の思想」へと深化していく。

このように、この著書では、「勝ち組になることが人生の成功である」との世俗的な思想に流されることなく、いかなる逆境によっても揺らぐことの無い思想、「成長の思想」を抱いて歩むことの大切さを語っている。そのことを象徴するのが、次の言葉である。

人生において「成功」は約束されていない。しかし、「成長」は約束されている。

『なぜ、優秀な人ほど成長が止まるのか』(ダイヤモンド社)

「仕事の思想」の根底には、「人間としての成長」を究極の価値と考える「成長の思想」があるが、我々が「成長」を求めて歩むとき、必ず突き当たる「壁」がある。

それを、この著書では、「学歴の壁」「経験の壁」「感情の壁」「我流の壁」「人格の壁」「エゴの壁」「他責の壁」という「七つの壁」として述べており、なぜ、「高学歴」の人や「優秀」とされる人の成長が止まるのか、その逆説についても明らかにしている。

『人間を磨く』(光文社)

「人間としての成長」を求めて歩むとき、我々にとって最も大きな課題となるのが、様々な「人間関係」に処する力を身につけることである。

この著書では、人間関係が壁に突き当たったとき、その人間関係を好転させ、良き関係を築くために身につけるべき、七つの「こころの技法」を述べ、その技法によって、いかにして人間を磨いていくか、様々なエピソードを交え、語っている。

特に、「なぜ、欠点の多い人間が好かれるのか」という逆説的なテーマの章は、自身の性格的な欠点や未熟さに悩んでいる人には、深い気づきが得られる章であろう。

『能力を磨く』（日本実業出版社）

マネジメントの一つの大切な役割は、部下や社員として預かる人々が「職業人としての能力」を高めることを支えることである。

しかし、これから到来する「第四次産業革命」は、人工知能（AI）やロボティックスを急速に職場の隅々に普及させていくため、専門知識と論理思考だけで仕事をしている知識労働者や、定型的な作業だけで仕事をしている肉体労働者は、必ず、AIやロボティックスに淘汰されていく。

では、これからのAI革命の時代に、知識労働に携わる人間は、AIに淘汰されないために、どのような能力を身につけ、磨いていかなければならないか。

この著書では、その能力を、「三つの能力、六つの力」として、詳しく語っている。

『なぜ、マネジメントが壁に突き当たるのか』（PHP研究所）

この著書においては、マネジメントの道を歩む人間が必ず突き当たる壁を、「なぜ、論理的な人間が、社内を説得できないのか」「なぜ、多数が賛成する案が、成功を保証しないのか」「なぜ、経験だけでは、仕事に熟達できないのか」「なぜ、動かそうとすると、部下は動かないのか」「なぜ、優秀な上司の下で、部下が育たないのか」といった「一二の逆説」として述べ、それぞれの壁を乗り越えるための心得と技法を語っている。
マネジメントの基本を覚えた後、より高度なマネジメント、より深みのあるマネジメントに向かいたい人には、読むことを勧めたい。

『知性を磨く』（光文社）

あらゆる困難と障害を超えて、目の前の現実を変え、企業や組織に変革をもたらすことのできる、優れた経営者やマネジャー、リーダーは、「思想」「ビジョン」「志」「戦略」「戦術」「技術」「人間力」という「七つの知性」をバランス良く身につけている。
この著書では、「七つの知性」とは、いかなるものか、どうすれば、その知性を身につけることができるかを、著者の体験と様々なエピソードを通じて述べている。

『運気を引き寄せるリーダー　七つの心得』（光文社）

優れた経営者やマネジャー、リーダーは、不思議なほど、「良い運気」を引き寄せる力を持っている。この著書では、「運気を引き寄せるリーダー」となるための「七つの心得」を述べているが、この「運気を引き寄せる力」とは、マネジメントの道を歩む人間が、必ず身につけるべき「最も高度な能力」であり、「究極の能力」である。

「人生」を語る

『未来を拓く君たちへ』(PHP研究所)
『人生の成功とは何か』(PHP研究所)
『人生で起こること　すべて良きこと』(PHP研究所)
『逆境を越える「こころの技法」』(PHP研究所)
『すべては導かれている』(小学館、PHP研究所)
『運気を磨く』(光文社)

「仕事」を語る

『仕事の思想』(PHP研究所)
『なぜ、働くのか』(PHP研究所)
『仕事の報酬とは何か』(PHP研究所)

「成長」を語る

『知性を磨く』(光文社)　『人間を磨く』(光文社)
『直観を磨く』(講談社)　『能力を磨く』(日本実業出版社)
『人は、誰もが「多重人格」』(光文社)
『なぜ、優秀な人ほど成長が止まるのか』(ダイヤモンド社)
『成長し続けるための77の言葉』(PHP研究所)
『知的プロフェッショナルへの戦略』(講談社)
『プロフェッショナル進化論』(PHP研究所)

「技法」を語る

『なぜ、時間を生かせないのか』(PHP研究所)
『仕事の技法』(講談社)
『意思決定 12の心得』(PHP研究所)
『経営者が語るべき「言霊」とは何か』(東洋経済新報社)
『ダボス会議に見る世界のトップリーダーの話術』(東洋経済新報社)
『企画力』(PHP研究所)　『営業力』(ダイヤモンド社)

主要著書

「思想」を語る

『生命論パラダイムの時代』(ダイヤモンド社)
『まず、世界観を変えよ』(英治出版)
『複雑系の知』(講談社)
『ガイアの思想』(生産性出版)
『使える弁証法』(東洋経済新報社)
『叡智の風』(IBCパブリッシング)
『深く考える力』(PHP研究所)

「未来」を語る

『未来を予見する「5つの法則」』(光文社)
『目に見えない資本主義』(東洋経済新報社)
『これから何が起こるのか』(PHP研究所)
『これから知識社会で何が起こるのか』(東洋経済新報社)
『これから日本市場で何が起こるのか』(東洋経済新報社)

「経営」を語る

『複雑系の経営』(東洋経済新報社)
『暗黙知の経営』(徳間書店)
『なぜ、マネジメントが壁に突き当たるのか』(PHP研究所)
『なぜ、我々はマネジメントの道を歩むのか』(PHP研究所)
『こころのマネジメント』(東洋経済新報社)
『ひとりのメールが職場を変える』(英治出版)
『まず、戦略思考を変えよ』(ダイヤモンド社)
『これから市場戦略はどう変わるのか』(ダイヤモンド社)
『運気を引き寄せるリーダー　7つの心得』(光文社)

著者情報

田坂塾への入塾

思想、ビジョン、志、戦略、戦術、技術、人間力という
「7つの知性」を垂直統合した
「21世紀の変革リーダー」への成長をめざす場
「田坂塾」への入塾を希望される方は
下記のサイト、もしくは、メールアドレスへ

http://hiroshitasaka.jp/tasakajuku/
(「田坂塾」で検索を)
tasakajuku@hiroshitasaka.jp

田坂塾大学への訪問

田坂広志の過去の著作や著書、講演や講話をアーカイブした
「田坂塾大学」は、広く一般に公開されています。訪問は、下記より

http://hiroshitasaka.jp/tasakajuku/college/
(「田坂塾大学」で検索を)

「風の便り」の配信

著者の定期メール「風の便り」の配信を希望される方は
下記「未来からの風フォーラム」のサイトへ

http://www.hiroshitasaka.jp
(「未来からの風」で検索を)

講演やラジオ番組の視聴

著者の講演やラジオ番組を視聴されたい方は
「田坂広志　公式チャンネル」のサイトへ
(「田坂広志　YouTube」で検索を)

著者略歴

田坂広志(たさかひろし)

1951年生まれ。1974年、東京大学工学部卒業。
1981年、東京大学大学院修了。工学博士(原子力工学)。
同年、民間企業入社。
1987年、米国シンクタンク、バテル記念研究所客員研究員。
同年、米国パシフィック・ノースウェスト国立研究所客員研究員。
1990年、日本総合研究所の設立に参画。
10年間に、延べ702社とともに、20の異業種コンソーシアムを設立。
ベンチャー企業育成と新事業開発を通じて
民間主導による新産業創造に取り組む。
取締役・創発戦略センター所長等を歴任。現在、同研究所フェロー。
2000年、多摩大学大学院教授に就任。社会起業家論を開講。現名誉教授。
同年、21世紀の知のパラダイム転換をめざす
シンクタンク・ソフィアバンクを設立。代表に就任。
2005年、米国ジャパン・ソサエティより、日米イノベーターに選ばれる。
2008年、ダボス会議を主催する世界経済フォーラムの
Global Agenda Councilのメンバーに就任。
2009年より、TEDメンバーとして、毎年、TED会議に出席。
2010年、ダライ・ラマ法王14世、デズモンド・ツツ元大主教、
ムハマド・ユヌス博士、ミハイル・ゴルバチョフ元大統領ら、
4人のノーベル平和賞受賞者が名誉会員を務める
世界賢人会議・ブダペストクラブの日本代表に就任。
2011年、東日本大震災と福島原発事故に伴い、内閣官房参与に就任。
2013年、思想、ビジョン、志、戦略、戦術、技術、人間力という
「7つの知性」を垂直統合した
「21世紀の変革リーダー」への成長をめざす場、「田坂塾」を開塾。
現在、全国から7200名を超える経営者やリーダーが集まっている。
2021年、田坂広志の過去の著作や著書、講演や講話をアーカイブした
「田坂塾大学」を開学。広く一般に公開している。
著書は、国内外で90冊余。海外でも旺盛な出版・講演活動を行っている。

本書をお読み頂き、
有り難うございました。
このご縁に感謝いたします。

お時間があれば、
本書の感想や著者へのメッセージを、
お送り頂ければ幸いです。

下記の個人アドレスか、QRコードから、
メッセージを、お送りください。

小生が、直接、拝読いたします。

田坂広志　拝

tasaka@hiroshitasaka.jp

この作品は、
2007年8月にPHPエディターズ・グループから刊行された
同書を改版し、加筆・修正したものである。

PHP INTERFACE
https://www.php.co.jp/

なぜ、我々はマネジメントの道を歩むのか［新版］

人間の出会いが生み出す「最高のアート」

PHP新書 1299

二〇二二年三月一日　第一版第一刷

著者――田坂広志
発行者――永田貴之
発行所――株式会社PHP研究所
東京本部――〒135-8137 江東区豊洲5-6-52
第一制作部　☎03-3520-9615（編集）
普及部　☎03-3520-9630（販売）
京都本部――〒601-8411 京都市南区西九条北ノ内町11
組版――有限会社エヴリ・シンク
装幀者――芦澤泰偉＋児崎雅淑
印刷所
製本所――図書印刷株式会社

ISBN978-4-569-85146-4

ＰＨＰ新書刊行にあたって

「繁栄を通じて平和と幸福を」(PEACE and HAPPINESS through PROSPERITY)の願いのもと、ＰＨＰ研究所が創設されて今年で五十周年を迎えます。その歩みは、日本人が先の戦争を乗り越え、並々ならぬ努力を続けて、今日の繁栄を築き上げてきた軌跡に重なります。

しかし、平和で豊かな生活を手にした現在、多くの日本人は、自分が何のために生きているのか、どのように生きていきたいのかを、見失いつつあるように思われます。そして、その間にも、日本国内や世界のみならず地球規模での大きな変化が日々生起し、解決すべき問題となって私たちのもとに押し寄せてきます。

このような時代に人生の確かな価値を見出し、生きる喜びに満ちあふれた社会を実現するために、いま何が求められているのでしょうか。それは、先達が培ってきた知恵を紡ぎ直すこと、その上で自分たち一人一人がおかれた現実と進むべき未来について丹念に考えていくこと以外にはありません。

その営みは、単なる知識に終わらない深い思索へ、そしてよく生きるための哲学への旅でもあります。弊所が創設五十周年を迎えましたのを機に、ＰＨＰ新書を創刊し、この新たな旅を読者と共に歩んでいきたいと思っています。多くの読者の共感と支援を心よりお願いいたします。

一九九六年十月

ＰＨＰ研究所